影响世界的大思想家

YINGXIANGSHIJIEDEDASIXIANGJIA

主编　田战省

吉林出版集团
北方妇女儿童出版社

图书在版编目（CIP）数据

影响世界的大思想家/ 田战省主编．—长春：北方妇女儿童出版社，2010.12

（影响世界的名人系列）

ISBN 978-7-5385-5140-2

Ⅰ．①影… Ⅱ．①田… Ⅲ．①思想家—生平事迹—世界—通俗读物 Ⅳ．①K815.1-49

中国版本图书馆 CIP 数据核字（2010）第 226912 号

影响世界的大思想家

主　　编　田战省
出 版 人　李文学
总 策 划　刘　刚
责任编辑　金敬梅　熊晓君
开　　本　787mm×1092mm　16 开
字　　数　260 千字
印　　张　13
版　　次　2011 年 1 月第 1 版
印　　次　2014 年 4 月第 4 次印刷

出　　版　吉林出版集团　北方妇女儿童出版社
发　　行　北方妇女儿童出版社
地　　址　长春市人民大街 4646 号
　　　　　邮编：130021
电　　话　编辑部：0431-85634730
　　　　　发行科：0431-85640624
网　　址　http: //www.bfes.cn
印　　刷　长春金源印刷有限公司

ISBN 978-7-5385-5140-2　　定价：38.80 元

序

伟大的思想是人类不可或缺的精神食粮，也在不知不觉中改变着我们的世界。他们中的很多人在生前并不被重视，甚至遭到诋毁与谴责，但那些光辉的思想最终化为了炽热的阳光，给这个世界带来了新的秩序和光明。今天，当我们阅读着他们呕心沥血写就的著作时，总会感受到他们对于世界和人生的独特感悟。

为了帮助青少年朋友更好地了解这些大思想家的生平和伟大思想，本书选择了 11 位最有代表性的大思想家，你可以跟着卢梭了解教育与爱、社会与契约；也可以紧随康德的脚步，看看这个在一座小城中独居一生的人怎样发出令世界改变的声音；你还可以和尼采一起，发出重估一切价值的呼喊……我们在尊重历史真实性的基础上，向读者立体地展示人物的生平和杰出的思想，达到了史实叙述准确，融知识性与可读性于一体，揭示人物的精神经历和心灵升华，给读者以深刻的启迪和感悟。

本书除了公正地评价思想家的人格和贡献外，还配以大量珍贵的历史图片，希望能使读者清晰地看到世界发展的轨迹，感受到每一个伟大时代的精神，牢记他们带给我们心灵的震撼。让我们在对已经逝去的人们的凭吊中，期盼着更为杰出的大思想家的出现。

目录

目录

目录

目录

孔子

Confucius

孔子，这个名字影响了华夏文明两千年，并且这种影响还在持续。然而，他的经历却让人感叹不已。孔子在世时，有志难伸，周游列国而不被重用；在他死后，却一跃成为至圣先师，他的思想成为官方思想。在漫长的两千多年里，孔子的思想被历代统治者不断装扮，使之成为束缚民众、禁锢人民思想的枷锁。

随着时间的流逝和环境的变化，今天的我们终于可以为这位圣贤擦去那些脂粉和淤泥，看到他重新成为一个活生生的人，一个可爱的人，一个有泪有恨的人，一个热爱真理的人……

早年艰辛

相传孔子出生时有两条白龙从天而降，在他家周围腾跃。

春秋时期，各诸侯国分裂割据，处于一片混乱之中。此时的周王室早已无力控制局势，一个旧的时代即将崩塌。在这时期，涌现了无数影响后世的人物，其中影响最深远的当属孔子。

孔子为鲁国大夫叔梁纥之子，3 岁时父亲逝世，只剩下母亲与他相依为命。孤儿寡母的艰辛可想而知，所以孔子很早就挑起了家庭的重担。艰难困苦的生活磨炼了少年孔子的意志，增长了他的见识和才干。

17 岁的那年，一件不幸的事又降临在孔子头上——与他相依为命的母亲去世了。母亲是他唯一的亲人，她的去世给了孔子沉重的打击。他默默地埋葬了母亲，为她守孝三年。

母亲去世后，孔子开始了独立谋生的道路，虽然这对于年仅 17 岁的孔子来说，确实有些残酷，但他敢于与命运抗争，勇敢地挑战命运，开创自己的未来。

孔子尝试着做过多种"鄙事"。为了谋生，他不怕苦，不怕累，也从不挑肥拣瘦。到了 20 岁左右，孔子先后到当时鲁国大贵族季孙氏那儿做过"委吏"和"乘田"，这都是被人驱使的不体面的差事，而孔子却任劳任怨。

孔子的这段经历，是他人生中非常宝贵的一课。一方面使他深知人生艰难和民间疾苦，另一方面也锻炼了他的能力。所以他成名后，人们经常会发出惊叹："夫子圣者与?何其多能也!"而孔子却回答说："吾少也贱，故多能鄙事。"

孔子的母亲颜征在尼丘山上祈祷后，生下孔子。因为孔子生来头顶中间低，四周高，像尼丘山的形状，所以父母为他起名叫孔丘，字仲尼。

然而仅仅做好这些事，当然不是孔子的志向。他的心中，有着更高远的志向。为了实现自己的理想，孔子还必须抽出时间来学习。

所幸的是，孔子所在的鲁国是著名的礼乐之邦，保存了最丰富、最完整的周代礼乐和古文献，对孔子的成长极为有利。不但如此，而且鲁国还拥有最浓郁的学习氛围。鲁国人普遍好学，学礼学乐，蔚然成风。有一次，周大夫原伯鲁对人们的好学不以为然，还说："可以无学，无学不害。"鲁国人听后，表示十分惊讶，说："夫学，殖也。不学将落，原氏其亡乎！"因为在鲁国人看来，学习如种植草木，不学则才智日退，如草木之枯萎落叶。孔子生活在这样一种文化教育的大环境下，再加上母亲的诱导与启发，很自然从小就养成了浓厚的学习兴趣。

孔子虚心好学，不耻下问，他自己说："我非生而知之者。"孔子的渊博学识，都是经由"敏以求之"而来。的确，人的知识并非都是从书本上得来，在生活中学习，在实践中学习，处处留心，事事细察，也能学到知识；而且，这样得来的知识，经过了切身的体会，真正做到了心领神会，因此，应用起来也就得心应手。

不过，仅仅靠自己自学还是不够的。孔子认为，拜师学习是获得知识的便捷途径，能够收到事半功倍的效果；而且，孔子更从他所接触的人与事中悟出了"三人行，必有我师焉"的道理。所以，他经常拜师学习，拜访过老聃、乐师苌弘，留下了"学无常师"的记载。

孔子好学不倦，虚心求教，到了三十而立之年，便成长为一代礼乐大师，可以用自己的知识去教导别人了。

【兴办私学】

孔子还在少年时期，由于好学、知礼，已在鲁国小有名气。鲁国人几乎都知道他精于礼，对礼已有深入地了解，却仍然好学不止。

为了闯出自己的一条路，孔子决定兴办私学。西周以来，王权强大，教育和学术都由官府统一控制管理，私人不议礼，民间不兴学，形成了一种惟官有学而民无学的局面。但孔子生活的时代是一个礼崩乐坏、学术下移的时代，在这个时代，传统的"学在官府"的体制出现了一些裂缝，逐渐被打破，学术文化冲破官府的牢笼而下移至民间，并在民间迅速成长起来。

这时，民间的一些学识优异之士也

孔子成年后曾为季孙氏的"委吏"，主要负责管理仓库。

乘机打出了设账教学的旗号，于是一种崭新的教育形式——私学终于出现了。这不仅是中国教育史上，同时也是中国思想史、文化史上的大事。从此，私学作为教育的基本形式之一，长期与官学并存，为社会培养了大批优秀人才；而且，一些堪称大师的人物，也正是在私人讲学活动中创立自己的学派的。

孔子善于教学，他的私学教育在我国教育史上占有重要地位。这是后人为纪念他的贡献在孔子庙塑的像。

而立之年的孔子也顺应了时代趋势，及时抓住了这一难得的时代机遇，在鲁国，第一个打出了“有教无类”的旗帜，开门办学，招收弟子，成功地创立了对中国教育、中国文化有重大影响的孔门私学。

孔子最初几名弟子有颜路、曾点、琴张等人。孔子招收弟子，不问出身，不分长幼，不论贫富，他奉行的是“有教无类”的原则。当时社会上，宗法等级十分严格，不可逾越。孔子打出“有教无类”的旗帜，放宽了受教育者的入学资格限制，是对当时社会的极大冲击。当然，做孔子的弟子，也要交一点学费——一束干肉。但这对于普通老百姓来讲，也不难办到。因为孔子办学的门槛低，而且孔子本人拥有巨大的号召力，所以当时很多有志于学的青年纷纷投身孔子门下，接受孔子的教育。

由于求学者众多，孔子一人教不过来，他就让几个才能较高的学生也分别带学生，如颜渊、曾参、子路、子夏等都有“门人”。孔子的学生称“弟子”，弟子的学生称“门人”。

【影响后世的教育方法】

孔子的教学方法十分灵活、科学，为人们所津津乐道。孔子承认并正视个人的才性不一，因而在教学中区别对待，因材施教。

弟子颜渊的领悟力很高，聪明敏捷，而高柴、曾参则老实厚道，沉潜深思，反应略显迟钝，因此，在教学内容、进度、方法上就不能一体对待。子路擅长于政事，子贡擅长辩论，子夏擅长于文学，这也要运用不同的教学方法，使他们三人都能在自己擅长的领域得到最好的发展。

有一次，子路和冉有二位弟子先后问孔子同一个问题：对于一些吩咐、指示，听到了就做吗？孔子分别给予了不同的回答，对子路的回答是：有父兄在，怎么可以听到了就做呢？而对冉有的回答是：听到了就做。孔子为什么这样回答？这是因为子路胆气过人，敢作敢为，有时不免有些鲁莽冲动，所以孔子有意要他凡事三思而后行；而冉有性格懦弱，遇事往往犹豫不决，所以孔子有针对性地鼓励冉有果断一些，听到了就做。只有对众多弟子们的性情、特点有了全面、充分地了解掌握，才能恰到好处地做到因材施教。也正因为孔子善于因材施教，所以他的弟子才能迅速成长，成为有用之才。

孔子经常与弟子们一起讨论，相谈甚欢。他还根据门中弟子的不同性格对他们做出不同的指导。

除了因材施教外，孔子在教学活动中，不是把学生看做是知识的被动接受者，他自己也不是单纯的知识灌输者，而是注意培养学生的学习兴趣，善于引导学生独立思考。

正因为有这样科学的教育方法，孔子才培养出了众多贤能的弟子，成为后人所称道的万世师表。

开创儒家学派

孔子对中国文化的另一大贡献是开创了儒家学派。孔子创立儒家学派之前，他本人即是一位“多能鄙事”的儒者。在当时社会上，这样的儒者大多以助丧相礼为职业，他们地位低贱，只知道为养家糊口而奔走，并没有什么宏图大志。他们中的有些人，好吃懒做，游手好闲。一听到办丧事的是一户富人，就很高兴，说：“我的衣食又有保证了！”他们人数不多，而且在士、农、工、商组成的主流社会之外，是当时社会上唯一依靠其礼仪学问谋生的知识阶层。

但这些儒者也并不都是一无是处的，他们毕竟是知识阶层，具备了转变或成长为儒家的内在因素和基础。因此，孔子才有可能通过招徒讲学把他们改造、提升为“下学而上达”“仁以为己任”的儒家。孔子在儒者的转变中起到了关键性的作用。没有孔子，就没有儒家。

孔子创立的儒家，作为一个学派，有着明确的、崇高

孔子和南宫敬叔一齐到周地去，向老子问礼。

的、伟大的文化使命。孔子意识到，礼崩乐坏之后，尧舜以来，中国学术文化的命脉全掌握在他的手里。后来，在周游列国期间，当孔子一行遭遇匡人的围困时，弟子们都很害怕，只有孔子镇定自若，因为他坚信天降“斯文”于其身，别人是伤害不了的。

正因为意识到了“斯文在兹”，所以孔子和他的弟子们必须告别“多能鄙事”的过去，改为以“斯文”自任，致力于学术文化，从事弘道、传道的事业。这个“道”是礼乐文化中呈现出来的尧舜之道，也是文、武、周公之道。

儒家学派的创立，在中国学术文化发展史上是一个划时代的伟大事件。孔子以前，学在官府，学术文化由官府包揽垄断，没有私人授学的权力，当然也没有学派的出现。孔子创立的儒家，是中国历史上出现的第一个独立的学派。在春秋战国时期先后兴起的诸子百家中，道家的创始人老子，早于孔子，但是，老子本人并没有创立一个道家学派，道家学派是在老子去世后才形成的。其他各家各派，如墨家、法家、名家、农家、阴阳家、小说家等，也都在后起之列。由孔子、儒家开始，中国历史进入了诸子百家大争鸣的时代，这也是先民思想大解放、大繁衍、大创造的时代，是中国知识分子有史以来的“黄金时代”。诸子百家不但有着非凡的思想成就，就连思想的表达技巧和风格也令后人称赞不已。这一时代所产生的一些思想，非常深远

道家学派的始祖老子。传说老子见到周王室衰微，势不可违，遂骑青牛出关远去，不知所终。

地影响了中国历史和中华文化的发展形态及进程。

曲折仕途

公元前501年，季氏的家臣阳虎作乱。季氏把持了鲁国，想不到其家臣阳虎又把持了季氏。季氏专权，也仅仅是把鲁昭公赶出了鲁国；而他的家臣阳虎专权，则几次差点杀死了季桓子。阳虎虽然逃亡在外，但他的余党仍然占据着费邑，随时都有可能犯上作乱。季氏的家臣如此，叔孙氏、孟孙氏的家臣也是势力日益增长，威胁很大。因此，如何对付家臣势力，是当时鲁国执政者最头疼的问题。

自从阳虎失败逃走后，鲁国政局暂时安宁了。“三桓”在阳虎专权中受到打击，势力有所削弱，因此，鲁定公想乘机壮大公室力量，打击“三桓”的势力。然而，鲁定公能够借用的力量，实在是不多。要想使公室的力量壮大，就不可能与“三桓”谋，那简直是与虎谋皮；更不可能借用家臣势力，阳虎的教训已经够深刻的了。万般无奈之下，鲁定公想到了孔子。因为在当时，孔子和他的弟子已经成为鲁国一股不可小觑的新兴势力，有可能帮助鲁定公强大公室。

曲阜是春秋战国时期鲁国的都城，位于山东省南部。曲阜也是儒家学派创始人孔子的故乡，被国务院授予第一批国家历史文化名城称号。

这时的孔子虽然已经过了50岁，但他却不自暴自弃，而是寻找机会从政，想做一番大事业。

鲁定公决定任命孔子为中都宰，孔子仅仅用了一年，就使中都成为诸侯们效法的榜样。鲁定公非常高兴，召见了孔子，问：“用你治理中都的办法来治理鲁国如何?”孔子十分自信地回答说：“岂止是鲁国，用来治天下都是可以的。”

孔子的政绩及才干受到了鲁定公的赏识，第二年，孔子即升任小司空。司空是负责国家工程事务的官员，小司空是副职。孔子担任小司空的时间虽然很短，但他仍然坚持为国以礼的原则，尽可能地纠正一些不合礼节的行为。

没过多久，孔子又担任了鲁国的司寇一职。司寇是国

家最高司法长官，有很大的权力。但孔子却不滥用职权，在断案时总是善于听取不同意见，尽可能做到公正地判决。同时，他注重礼义教化，反对“不教而杀”，他说：“听讼，吾犹人也。必也使无讼乎！”这就是说，听论断案，他和别人一样，他和别人不一样的地方在于他想教育民众遵守礼义，明辨是非，防微杜渐，在诉讼未发之前做好工作，使其不再发生。

有一次，一对父子闹矛盾，闹到了他这里，孔子却没有立即判决，而是推后处理。结果三个月后，父亲一方主动请求撤诉，使这件事情有了一个比较令人满意的结果。这件事在当时引起了很大的争论。季氏认为，儿子控告父亲是为不孝，应杀而不杀，这不符合“为国必以孝”的原则。孔子则认为：出现父子相讼的问题，责任在上，不在下，是当政者不重视教化造成的。办案既要公正又要灵活，要把办案变成教育民众的一种手段，寓教化于办案中，让民众明白道理，提高辨别能力，自觉遵守伦理道德，减少或避免类似的事件发生，这才是办案的最终目的。

接连取得的成功使孔子在鲁国的声望有了极大提高。鲁定公十一年，孔子由大司寇行摄相事，取得了与闻国政的权力。当时，季桓子任执政，孔子行摄相事，大概是受鲁定公的委托，协助或代替季桓子处理国政。

这时，孔子达到了其出仕从政的顶峰。这时的孔子也充满了自信，经常与弟子们谈论人生志向。一次，他要颜渊、子路谈谈各自的志向，他们分别谈完了之后，也请老师谈谈自己的志向，孔子说：“老者安之，朋友信之，少者怀之。”

就在孔子踌躇满志准备为实现自己的志向而努力的时候，他精心设计的一个重要的事件——“堕三都”不幸失败，这彻底改变了孔子的政治生涯。

原来，鲁国的家臣势力，在阳虎出逃后，并没有得到根本的解决。一有机会，他们就蠢蠢欲动，图谋不轨。鲁定公十年，叔孙氏的家臣侯犯又开始叛乱。

孔子在担任大司寇一职时，为鲁国做出了很多贡献。图为齐鲁两国相会于夹谷，孔子的表现使鲁国在外交上取得了胜利。

而对于鲁定公来说，家臣势力虽然对他并无直接的威胁，但考虑到打击家臣势力，有利于削弱“三桓”，加强公室，所以他也是十分支持。在这种情况下，孔子精心策划了一个“堕三都”的计划，这是他行摄相事以来采取的一项重大举措。三都，指“三桓”的三个采邑。邑是规模不大的城，它们中规模较大的叫做“都”。三都由于家臣们的长期经营，已经成为固若金汤的军事堡垒。“堕三都”就是拆除三都的城墙和其他防御设施，使盘踞于其中的家臣无险可守，容易解决。孔子提出“堕三都”的计划，表面上是打击家臣势力，解除“三桓”的忧虑；实际上，他是想利用此举“强公室，弱私家”，逐步恢复国君的权威。

齐国听说孔子执政，担心鲁国会称霸吞并齐国，便送给鲁定公很多的女乐和好马让其玩物丧志。

但是，“三桓”在执行计划过程中，逐渐了解到孔子真正的意图，因而废止了计划。这个计划失败之后，“三桓”首先要打击的就是孔子。他们联合起来对付孔子，故意冷落他。第二年，齐国给鲁国国君很多美女和好马，诱使鲁国君臣沉溺于声色犬马之中。于是，季桓子和鲁国国君整天寻欢作乐，不问政事。孔子见此情景，只能怀着一腔遗憾离开鲁国。

周游列国

鲁定公十三年，53 岁的孔子率领弟子们开始了长达 14 年的颠沛流离的生活。孔子与弟子们离鲁他去，并非漫无目的地流亡，而是到异国他乡寻求参政的机会。

孔子一行来到卫国，就被沿途所见的富庶景象吸引住了。孔子不由自主地赞叹：“人口真多啊。”这时，正在驾车的弟子冉有不失时机地向老师请教治国方略，问：

图为孔子周游列国，游说诸侯的情景。孔子俯身拱手，席地而坐，神情恭肃；诸侯和颜悦色，静坐在孔子对面的红木椅上，作侧耳聆听状。诸侯身后三五随臣，交头接耳。

孔子离开卫国，到了蒲地，一个多月后又回到卫国。一天，卫灵公和夫人坐在一辆车上，让孔子坐在后面的车上，这使孔子最终生气地离开了卫国。

“人口多了，然后怎么办?”孔子回答说：“让人们富裕起来。”冉有再问：“人们富裕了，下一步又该怎么办呢？”孔子回答说：“让人们接受教育。”

庶、富、教，在孔子看来，是为政的三大步骤。当时，地广人稀，人口是制约社会经济发展和国力是否强盛的重要因素。所以各国都希望本国人口众多，甚至把招徕人口作为一项政治目标。孔子称赞卫国人口多，是对卫国之政的肯定。但孔子认为，仅仅人口多还不够，还要进一步让人们富裕起来，过上幸福安康的生活。只有生活富足，人们才拥有更多的时间和余力从事艺术、文化、教育等活动。孔子是中国历史上最早提出富民主张的思想家之一。至于教育，孔子一向非常重视，认为教育是培养君子、提高人们文化素质和道德水平的基本手段。

孔子一行到达卫国都城后，先在子路的一位连襟颜仇由家住下。由于孔子的巨大声望，卫灵公马上接见了孔子。孔子刚刚到达时，子路的另一连襟弥子瑕希望孔子住在他家，他凭借自己是卫灵公的宠臣，对子路说：如果孔子投靠我，可以取得卫卿之位。孔子不是无原则之人，决不肯降志求容，因此谢绝了。

但孔子在卫国却一直得不到任用，他只好离开。不过，一个月后，孔子又返回卫国。这次，卫灵公的态度转变了，亲自到城外迎接。卫灵公的夫人南子名声不好，但她也慕孔子之名，很想见见孔子，于是她派人请孔子前来一见。二人相见时，南子坐在薄薄的纱帐内，孔子进来后向南子施礼，南子在纱帐内答礼。由于隔着一层纱帐，孔子看不清南子的面貌，只听到南子身上佩戴的玉器的响声。

子路对孔子见南子一事很不以为然，他认为，像孔子这样有学识、有名望的人去见一位名声不雅的女人，实在有失体面，于是很不高兴。孔子见此，指天发誓：“如我有失，天厌之，天厌之。”

但孔子仍然没有得到卫灵公的重用，而且，卫灵公本人也并不是一个有为的君主。有一次，卫灵公与南子同车

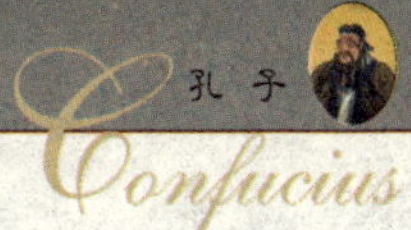

出游，还让孔子乘第二辆车跟随其后，招摇过市。这让孔子觉得很羞耻，说："吾未见好德如好色者也。"于是再次离开了卫国。

孔子第三次来到卫国，是在公元前 493 年（鲁哀公二年）。卫灵公向孔子请教布阵作战之事，孔子回答说："祭祀之事我听说过，军旅之事却从未学过。"第二天，卫灵公与孔子继续谈话时就表现得心不在焉，不时抬头看看天上的飞雁，故意冷落孔子。孔子知道卫灵公的意思，于是离开了卫国。孔子离开不久，卫灵公去世，由其孙辄即位，是为出公。

孔子周游列国 14 年，除了出入卫国几次还算安全、受到礼遇之外，在其他地方则历尽艰辛，屡遭危难，可谓颠沛流离，吃尽了苦头。

孔子一行离开卫国后，打算去陈国，在经过匡邑的时候，却遭遇了意外的危险。

匡邑原属卫国，后来被郑国所占。阳虎率兵侵郑时，曾攻下匡邑，当时孔子的一名弟子颜刻跟随阳虎参加了攻打匡邑之役。孔子一行路经匡邑时，颜刻驾车，他回忆起当年情景，不禁大发感慨，指着一处城墙缺口告诉别人说：我当年就是从这个缺口攻入匡邑的。这话恰巧被路旁的匡人听到，他们又发现车上的孔子长得很像阳虎，以为阳虎又来了，于是喊来很多人，立即追捕。弟子们被冲散，孔子被匡人拘押了起来。

孔子被匡人拘押期间，弟子们十分担心他的安危，而

一次，卫灵公不满意孔子的回答，很不高兴，在与孔子谈话时便不再专心。

孔子却非常镇定，他对弟子们说：“文王既没，文不在兹乎。天之将丧斯文也，后死者不得与于斯文也；天之未丧斯文也，匡人其如予何！”

还有一次，也是非常惊险。公元前492年（鲁哀公三年），孔子一行途经曹国，到达宋国。宋国是殷遗民的国，也是孔子的祖先国，还是他夫人的家乡。孔子年轻时，曾经到宋国考察过殷礼。但这次，他却差点遇到生命危险。事情是这样的：宋国的司马为了死后继续享受荣华，所以命令工匠给自己造了一座巨型石椁，结果花了三年都没造成，还把工匠都累倒了。孔子到宋国后，狠狠批评了这位司马。此人怀恨在心，就派人来杀害孔子。孔子虽然并不害怕，但为了防止意外，还是决定离开这里，前往陈国。

孔子与弟子在郑国会合后，继续赶路，终于到了陈国。陈国是南方小国，是舜的后裔的封国。孔子先投奔了陈大夫司城贞子，接着又受到了陈侯的敬重和礼遇，被安排到上等馆舍住下。于是，孔子决定留下来。孔子在陈期间，主要是从事教育活动。他招收了陈国的子张、陈亢、巫马施等人为弟子，他的几名后期弟子如子夏、子游等也有可能是在这期间来投于孔子门下的。

孔子来到陈国不久，听到一个消息：鲁国宫中发生了火灾。孔子听到后说：大概是桓公庙和僖公庙失火了吧。三天后，孔子的话得到证实。于是陈侯对孔子更加敬佩，对子贡说：我今天才知道圣人的可贵之处在哪儿呀。

孔子的声名越来越大，连南方的楚国都知道了。楚昭王很仰慕孔子，当他得知孔子在陈时，便派人聘请孔子来楚国，并准备把一处社地封给孔子，但因为遭到一些大臣的反对而作罢。楚国是南方大国，楚庄王时曾经争霸中原，可与齐、晋分庭抗礼，孔子既然受到了邀请，也就打算赴楚一游。

自陈入楚，蔡国是必经之地。陈蔡都是小国，春秋后期，夹在吴楚之间不得安宁，尤其是常常遭到楚国的侵伐和摆布，而且由于连年战争，陈蔡一带人烟稀少。

孔子前往楚国，引起了陈蔡大夫的

孔子游历来到了楚国，受到楚王的赏识，要给他封送社地，结果却遭到楚国官员的反对。

孔子和徒弟们被困旷野，粮食吃光后，随行的人都饿得起不来，孔子仍然讲诵诗书、抚琴歌咏，神情自若，丝毫不见一丝窘迫。

警惕，他们认为孔子久留于陈蔡之间，了解他们的底细，不满他们的行为，孔子入楚必受重用，这将对他们十分不利。于是，当孔子师徒在旷野上行进的时候，陈蔡大夫相继派人围攻阻拦，致使孔子一行严重受困。在荒无人烟的旷野上，水断粮绝，连续七天七夜，没有吃上一口饭，只能以野菜充饥，饿得大家东倒西歪，面有菜色。

面对这种困境，孔子还是气定神闲，讲诵不止，弦歌不绝。孔子抚琴弦歌是为了鼓舞大家的士气，可是，弟子们却很疑惑，认为在这种困境下，怎么还有心思弹琴？就连忠心耿耿的子路、子贡都不由得抱怨起来，子路还没好气地问孔子："君子也有穷困的时候吗？"孔子回答："君子固穷，小人穷斯滥矣。"意思就是，君子在走投无路时，还能保持自己的节操；而小人在困穷时，就会不择手段。听到老师的话，弟子们才恍然大悟，接受了老师的教诲。

随后，孔子师徒商量对策，决定让能言善辩的子贡前往楚国求援。很快，楚国救援人员赶到，接应孔子一行到了负函。负函是蔡地，但却属于楚国的势力范围。楚大夫叶公子高驻守在负函，他对孔子的到来十分欢迎，给予了很高的礼遇和款待。负函至楚国郢都山高路远，孔子一行已是疲惫至极，只得在负函停留了下来。

公元前 489 年（鲁哀公六年），楚昭王去世，孔子打消了赴楚的念头，决定离开负函，再回卫国，在那儿就近观察鲁国的局势，等待回鲁国的机会。

由负函至卫，要走很长的路程，这对于年已六十多岁的孔子来说，不是一件轻松的事情。果然，孔子在路上病倒了，而且病情还很危重。弟子们惊慌失措，不知道该怎么办。只有子路还比较镇定，他让门人担任治丧之臣，准备为孔子料理后事。过了很长时间，孔子渐渐苏醒过来。他知道了子路的所作所为，十分不满。因为，按礼的规定，像孔子这样的身份，死后是不应该设治丧之臣的。他本人知礼守礼，平日也教育弟子知礼守礼。于是他十分生气地对弟子们说："这么长时间了，子路一直在干这欺人的勾当。不该设治丧之臣而设治丧之臣，我欺谁呀，欺天吗?我与其死在治丧之臣的手里，还不如死在你们这些弟子的手里呢。我纵然死后不能享有隆重的丧事，我也不至于死在路上啊。"

孔子病愈之后，与弟子们终于回到了卫国。

归鲁终老

公元前 484 年，孔子在卫国等来了归鲁的机会。这一年，任季氏宰的孔

子弟子冉求打了胜仗。季康子非常高兴，问他："你的军事才能是天生的，还是学来的？"冉求回答是从孔子那里学来的，并且对孔子称赞了一番。季康子当即表示要把孔子请回来。

这时，孔子在卫国也遇到了一件不愉快的事。卫国执政孔文子与太叔疾有矛盾，孔文子想以武力解决，便请孔子帮其出谋划策。孔子对此十分反感，说他不懂军旅之事。说罢，叫人套上车子要走，说："鸟儿能选择树木而栖，树木岂能选择鸟儿?"孔文子急忙阻止，一再挽留。

颜回是孔子最得意的弟子，不幸早逝。图为颜庙，又叫复圣庙，是祭祀颜回的庙宇，位于曲阜城北门里路东颜庙街。

恰在此时，季康子派来的使者公华、公宾、公林等人来到了卫国，他们为孔子带来了重礼，迎接孔子归国。孔子不再犹豫，率领他的弟子愉快地踏上了归国的路途。

孔子回到鲁国，结束了长达 14 年颠沛流离的困苦生涯，开始了他人生最后一个阶段的生活。这时，孔子年龄大了，不可能再从政了；而鲁国君臣，从鲁哀公到季康子，也不想用孔子为政，他们只想让孔子充当顾问，为他们的政事提供咨询。于是他们授予孔子一个很高、很荣耀的头衔——"国老"。

孔子任"国老"，虽然不参与具体政务，却是最高国事顾问，举凡国事、朝政，他都了解、掌握。一次，冉求退朝回来晚了，孔子问他什么原因，他解释说是"有政"。孔子说："不过是有事罢了。如果有政，我虽不为官，也是知道的。"

由于孔子的"国老"地位，更由于他的弟子们在他的培养下，个个有学识，有才干，于是，他的弟子们先后纷纷从政。冉求、子路、仲弓、高柴、子夏、子游、闵子骞等，先后出任鲁国各大邑的邑宰或邑令，还有部分弟子如于贡、宰我、子贱等等，到异地任职。孔子弟子的参政，给鲁国政治带来了新的活力、新的气象。

在孔子 68 岁时，鲁国执政大夫季康子派人携带礼物恭请孔子回国。孔子欣然允诺，准备启程回国。

孔子任"国老"期间，除了充当国事顾问以外，仍然十分关心文化教育事业。他特别留心文化典籍方面的情况。早在他招徒讲学之初，就以诗、书、

孔子回到鲁国，鲁国并不重用孔子。此时的孔子也不再求仕，只是专心整理古代文献。

礼、乐教授弟子，而诗、书、礼、乐的文本情况极为复杂，如果不加以选择、整理，很难用于教学；更重要的是，典籍的保存、整理与流传是学术文化发展、积累的基本途径。鲁国是文化重镇，典籍尤其多。可是，孔子时代，随着礼崩乐坏、学术下移，典籍散失的情况十分严重。孔子宣称“斯文在兹”，承担着传承“斯文”的重大历史使命，他不能无视“礼、乐废，诗、书缺”的现实，他必须有所担当，有所作为。因此，他在晚年从当时留传的大量典籍中，选取了最重要、最有代表性的六大类，加以认真系统地筛选、编辑、整理，形成了《诗》《书》《礼》《乐》《易》《春秋》六部书。起初，他的本意也许只是为了向他的弟子们提供六种学习的教材，然而事实上，他却通过对这六类文化典籍的整理，全面总结了尧舜以来的礼乐文化，向儒家、也向新时代提供了新的经典文本，对中华文明的传承与发展作出了巨大的贡献。

事实上也是如此。孔子最后五年是他一生教学的辉煌时期。虽然已有个别的弟子如颜渊，已经先他而去；并且，由于弟子们纷纷从政，几个与他在陈蔡共患难的亲密弟子也不在门下，但孔子身边仍聚集着众多的弟子。子张、曾参、有若、冉孺、叔仲会等，都是在这一时期入门学习的。

孔子的一生，教学的时间最长，取得的成就也最大。司马迁说：“孔子以诗、书、礼、乐教，弟子盖三千焉，身通六艺者七十有二人。”弟子三千不是指某一时期达到的学生规模，而是指孔子一生所招收的弟子的总数。“身通六艺者七十

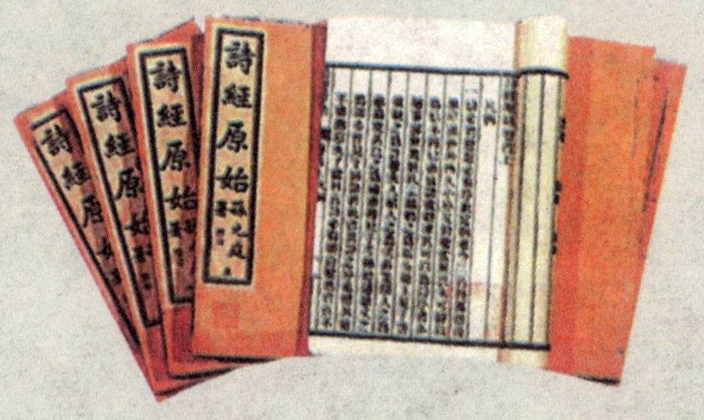

《诗经》是我国第一部诗歌总集，对于此书的编撰有不同说法，一说为孔子编纂。到汉武帝时，采纳董仲舒“罢黜百家，独尊儒术”的建议，尊“诗”为经典，定名为《诗经》。

有二人”是指出类拔萃的高才生有 72 人。

孔子本人也在晚年对他一生的教学活动做了总结，他把自己一生教学所使用的教材，在短短的五年内，最后厘定、整理了出来。其中，《诗》《书》《礼》《乐》四种，是他自招徒讲学以来一直使用的教材；《易》与《春秋》两种，则是他新增加的教材；合之称“六艺”，也称“六经”。从此，儒家学派有了统一、规范的教材。孔子通过最后编定教材，一方面总结并确定了他一生教学的基本范围、内容；另一方面也让他的弟子们在他身后有所遵循，薪火相传，继续维护儒家的思想学说。

除此之外，孔子还对他的弟子们做了总结性的划分，他从其一生教过的众多弟子中，选拔出了 10 位有代表性的弟子，按照“德行”“言语”“政事”“文学”四科做了划分，既考虑到了教学的科目，也照顾到了弟子们的特长；实际上，他这是对自己一生从事人才教育与培养的总结。德行：颜渊、闵子骞、冉伯牛、仲弓；言语：宰我、子贡；政事：冉有、季路；文学：子游、子夏。

【哲人其萎】

孔子的最后几年比较凄凉，因为几个亲密的人都先他而去了。孔子的儿子孔鲤在孔子 70 岁这年去世，年仅 50 岁。孔鲤去世的第二年，颜渊又不幸去世。颜渊去世，孔子哭得非常伤心，连声喊道：“天丧予！天丧予!”

颜渊家境贫寒，如何安葬颜渊，孔子与弟子们有分歧。孔子主张丧葬根据家庭情况量力而行，不能一味主张厚葬。他对待儿子孔鲤也是这样，孔鲤丧葬有棺无椁，不是厚葬。可是，弟子们主张厚葬颜渊，颜路甚至不以弟子身份而以颜渊父亲的身份，请求孔子以车子为颜渊换一副椁。孔于没有同意，因为他不忍见颜渊之丧超过孔鲤，

鲁国打猎打死一头麒麟，孔子认为麒麟是仁兽，天下有道才会出现，而现在诸侯分崩、天下无道，麒麟出而被杀，不禁大为感伤，抚麟痛哭，哀叹不已。

那对孔鲤不公平。颜渊视孔子如父，孔子呢，若视颜渊如子，则只能按孔鲤的丧葬规格安葬颜渊；若不视颜渊如子，那就依弟子们的主张来厚葬。果然，弟子们厚葬了颜渊，这使得孔子于心不安。

孔子病重，子贡前来探望，孔子正反手背后，拖着拐杖，在门外走来走去，问子贡为什么来的这么晚。

孔子 72 岁时，子路死于卫国。子路一年前到卫国担任了卫大夫孔悝的邑宰。后遇内乱，孔悝被人劫持，子路为解救孔悝，与两名甲士搏斗。这时的子路年事已高，力不从心，被击倒在地，冠上的带子也被斩断了。他说："君子死，冠不免。"遂把冠上的带子系好，从容而死。孔子听到这个消息后，十分悲痛。

儿子以及颜渊、子路的相继去世让孔子受了很大打击。颜渊去世不久，鲁人在西部狩猎时，捕获了一只麒麟，孔子非常伤感，喟叹说："吾道穷矣！"他意识到自己日子不多了。

公元前 479 年（鲁哀公十六年），孔子病了。晚上，他做了一个梦，梦见自己坐奠于两柱之间，这是一个不祥的兆头。孔子梦醒之后，知道自己的生命即将走到尽头。第二天早上，孔子挣扎着站了起来，扶着手杖，一个人来到门外，无限伤感地唱道："泰山其颓乎!梁木其坏乎?哲人其萎乎!"

刚刚从外地急忙赶来的子贡，听到歌声，知道孔子将病重不起，立即拜见了老师。孔子一见子贡，既焦急又关切地问："子贡啊，你怎么来得这么晚！"接着，他郑重地向子贡说道："天下无道久矣，莫能宗予。夏人殡于东阶，周人于西阶，殷人两柱间。昨暮予梦坐奠两柱之间，予始殷人也。"这是说，天下无道已经很久了，我不能推行我的主张。夏代将灵柩停放在东阶，周代将灵柩停放在西阶，商代停放在两柱之间。昨天晚上，我梦见自己坐奠于两柱之间。我是殷人啊。

孔子死后，弟子为其服丧三年，相别而去，唯独子贡在墓侧结庐守墓六年才离去。

说完这些话之后，孔子就卧病不起。几天之后，至圣先师孔子逝世。

大事年表

公元前 551 年	孔子诞生。
公元前 535 年	孔子母逝世。
公元前 533 年	孔子在鲁,娶宋人女为妻。
公元前 529 年	孔子在鲁,开始教学,颜路、曾点从游。
公元前 522 年	孔子正式创办私学成功而立足于世。
公元前 511 年	孔子在鲁,仍从事教学和研究三代文化。
公元前 501 年	孔子任中都宰。
公元前 500 年	孔子任小司空,不久升大司寇,摄相事。
公元前 498 年	“堕三都”计划失败。
公元前 496 年	孔子在卫国,见南子,子路不悦。
公元前 489 年	绝粮于陈蔡。
公元前 484 年	孔子回到鲁国。
公元前 481 年	孔子在鲁,修《春秋》。颜回死,年仅 41 岁。孔子哭之恸。
公元前 480 年	子路死。
公元前 479 年	孔子逝世,享年 72 岁。弟子为孔子守墓三年,哭尽哀而去。而子贡庐墓六年,然后去。孔子故居改为庙堂,藏孔子遗物。此后,按时祭祀。

苏格拉底

Socrates

公元前399年，古希腊的一代宗师苏格拉底因别人罗织的罪状饮鸩赴死。他是古希腊第一位殉道的先贤，也是为追寻真理而献身的哲学家。这是古希腊史上，乃至整个人类史上的一大悲剧。

苏格拉底生前并没有著书，这一点与我国伟大的思想家、教育家孔子有相似之处。但苏格拉底却教导出像柏拉图这样的高徒。柏拉图宣扬了老师苏格拉底的哲学思想与高贵精神，并且还撰写出了恩师的事迹。柏拉图所撰写的著作，至今仍是经典，是莘莘学子争相阅读与研习的不朽著作。这些迄今仍给人以启示，光辉永存。

【生在雅典】

雅典的民主政治繁盛一时。图为执政官伯里克利在主持“公民大会”。

苏格拉底出生在古希腊名城雅典，他出生的时代处于盛世。那个时代的执政官是伯里克利，这是雅典历史上最繁荣、最富强的时期，是雅典民主政治发展到巅峰的时期。当时的古希腊文化艺术鼎盛，但文化或思想并非一天就可以形成。这是在风土、人情加时间和血汗浇灌的基础上逐渐孕育出来的。

关于苏格拉底出生的准确时间，因为记载较少，一直有争论。苏格拉底的得意门生柏拉图是最早推算他恩师的出生年份的，认为苏格拉底出生在公元前 469 年。柏拉图对此做了解释，因为苏氏在雅典饮鸩就刑是公元前 399 年，那时苏格拉底 70 岁，反推回去，就是他的出生年份，即公元前 469 年。

在苏格拉底 20 岁时，雅典和斯巴达之间订立了 30 年和约。在这样和平的时期里，雅典执政官伯里克利完善民主制度，建立了强大的海军，在爱琴海区域扩展自己的势力范围，领导提洛同盟诸邦，迅速地成为海上头等强大的霸主。青少年时代的苏格拉底亲自经历并目睹了这些光辉壮丽的成就，悲剧诗人索福克勒斯

雅典是希腊首都，也是希腊最大的城市。古代雅典是一个强大的城邦，也是后来驰名世界的文化古城。

和欧里庇得斯的动人悲剧、艺术家菲狄亚斯的优美雕像、波吕格诺托斯壮丽辉煌的壁画等，都曾使得青少年时代的苏格拉底如醉如痴，让他的精神与思想受到陶冶。

色诺芬是苏格拉底最有名的学生之一，在他的书中记载了苏格拉底丰富的教育思想。

雅典的辉煌让身为雅典人的苏格拉底非常自豪。他曾在一次谈话中说："……没有一个民族能像雅典人那样为他们祖先的丰功伟业而感到自豪，很多人受到激励和鼓舞，培养了刚毅果断的优秀品质，成为勇敢、威武著名的人；他们不仅凭着自己的力量和整个亚细亚以及一直到马其顿的欧罗巴霸主进行斗争……而且还和伯罗奔尼撒人一道扬威于陆地和海上。"

苏格拉底在这样的氛围中长大,并且接受了良好的教育。从为数不多的记载有关苏格拉底少年时代情况的文献中，可以多少知悉一些有关的事例：苏格拉底的得意高足柏拉图在他的《克里同篇》中记述了苏格拉底本人谈到自己的一些弟子像他一样从小就在雅典城邦受到良好的文化和体育方面的教育。公元二三世纪的传记作家狄俄革涅斯·拉厄耳提俄斯在他的《哲学名家生平纪实纪闻》的第 2 卷第 19 节中说，苏格拉底曾向伯里克利的老师达蒙学过音乐。色诺芬在他的《回忆苏格拉底》一书的第 4 卷第 7 章中记述道，苏格拉底修习过几何、算术和天文等学科，他晚年还教导他的学生，说上述那些学科是有意义的，有实用价值的，要他们应熟悉这些学科。

总之，雅典这座伟大的城邦孕育了伟大的苏格拉底，而苏格拉底也使自己最终成为了雅典甚至希腊的骄傲。

外表的美和心灵的美

古希腊人非常重视外表的美，但这并不代表他们只会以貌取人。苏格拉底的长相不能算美，甚至可以说有些奇特，但这并不妨碍雅典人对他的崇拜。据记载，苏格拉底脸面扁平，大而向上的狮子鼻，两眼相距很大，其间空白处是鼻梁，因使两眼分得太开，使人感到很不匀称。但是苏格拉底的两眼炯炯有神，闪耀着慑人的目光。还有，苏格拉底走路的姿势也不甚雅观，像一只昂首阔步的鸭子，腆着一个肚子。虽然苏格拉底其貌不扬，但他却很有魅力。人们一旦与他交谈，都会被他亲切待人的态度所吸引，不愿立即离开。再有，苏格拉底深邃崇高的内涵更是吸引许多人。假若与他做更进一步的对话，

铸造于 19 世纪的苏格拉底铜像

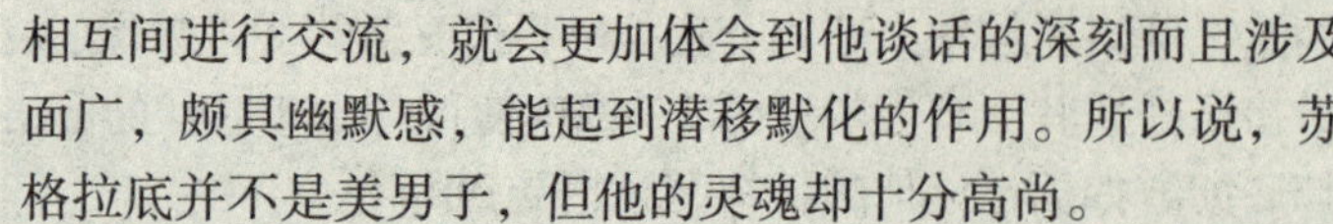

苏格拉底对自己的衣食住行从来都不讲究，他把精力都用在了思考上。

相互间进行交流，就会更加体会到他谈话的深刻而且涉及面广，颇具幽默感，能起到潜移默化的作用。所以说，苏格拉底并不是美男子，但他的灵魂却十分高尚。

在生活方面，苏格拉底也是非常简朴的。以食为例，苏格拉底只要求能吃饱就行。他常说："吃的东西简单，就是最好的饮食方法。"在生活上，有关饮食方面，可以用"一箪食，一瓢饮"来形容苏格拉底。肚子饿了，就随便吃一点；渴了才喝点饮料，绝不耽溺于美食。他曾经说："……必须抗拒有诱惑性的食物，如果肚子不饿还要吃东西，不渴却喝饮料，会使你的头脑和灵魂堕落。魔女一定会使用各种方法，将那些受引诱的人变成猪。我们知道，奥德修斯之所以没有被变成猪，是因为他一直恪守赫耳墨斯的忠告，尽量节制自身，细心地控制自己的肚子。"

苏格拉底在欧洲文化史上，一直被看做是为追求真理而死的圣人。

过俭朴生活的人，是不追求衣着华美光鲜的。苏格拉底在这方面是不讲究的。不管是冬天还是夏天，他所穿的都是同样的一件衣服，而且这件衣服的质地也十分平常，没有一点特殊的地方可言。赤脚是苏格拉底的习惯，甚至在寒冬腊月也不例外。关于苏格拉底的衣着及打赤脚的习惯，柏拉图在他的《会饮篇》中有记载：苏格拉底在参加波狄提亚战役时曾赤着脚在冰上行走，令其他的士兵对他刮目相看。狄俄革涅斯·拉厄耳提俄斯在他的《哲学名家生平纪实纪闻》中几次提到苏格拉底引用了以下的诗句：银器和绯衣，是演戏的好道具，却不适用于平常的家庭生活。

希腊最聪明的人

据柏拉图记载，苏格拉底曾经被称为"希腊最聪明的人"。这个说法来自于一次神示。据说有兄弟俩，兄名开瑞丰，弟名开瑞克剌忒斯，他们两人都是苏格拉底的弟子。开瑞丰曾经去德尔斐神庙求过神示，问是否有人比苏格拉底更聪明？传达神示的女祭司回答道："没有比苏格拉底更聪明的人了。"

苏格拉底得知此事后却感到困惑不解，因为他本人认为自己本身既无大智慧，又无小聪明，怎么能说他是最聪明的人呢？苏格拉底对这样的神示有所怀疑，也打算检验它正确与否，于是他走访了那些以聪明才智著称的人。他首先走访的是一位很有声望的政治家，发现此人自认聪明，公众也这样认为这位政治家聪明过人。但实际上，这位自认为有无上智慧的人，与苏格拉底并无二致，并不知道美和善到底是什么。当苏格拉底向这位自负的政治家指出其无知时，他不是闻过则喜，而是怨气冲天，在场的其他人也对苏格拉底不满。于是苏格拉底对此进行反思与自省：他对自己所谈的内容是自知不懂的、无知的，而那位政治家则以不知为知。正是在这一点上，苏格拉底是"知之为知之，不知为不知，是知也"，这当然比那位政治家要聪明。

随后，苏格拉底又去走访诗人，发现他们创作诗歌并非出自聪明、智慧等，而是天性使然，而是灵感激动。但是诗人却自认不止于这一点，他们自认为在创作诗歌方面是行家里手，其他完全隔

图为德尔斐神庙，苏格拉底的弟子对神谕的咨询都是在德尔斐神庙进行的。

行的事，也自认为是饱学之士，很有知识。所以苏格拉底自己琢磨："知之为知之，不知为不知。"在这一点上他是有自知之明的，这要比诗人高出一筹。

最后，苏格拉底又去走访有高超手艺的工匠，从他们那里苏格拉底获悉，他们所知及熟悉的事物，苏格拉底并不知悉，他可以从他们那里学到这些知识。但这些手艺人也和上面的人具有相同之点，即认为自身除具有一技之长外，还知道并熟悉其他好些事情。这样，他们所具有的一技之长就相应减色了不少。

苏格拉底走访了许多人，并指出了他们以不知为知，于是得罪了不少人，反过来，引起他们对苏格拉底本人的攻击和诽谤。经过这番走访，并又从受走访人中得到反应，再加上这些人的恼羞成怒对苏格拉底进行攻击和诽谤，这样，苏格拉底则深切地悟出了神示的本意："……真正的智慧是属于神的，神示只是告诉我们，人的智慧微不足道，没有价值。在我看来，神并非是说我最有智慧，而是以我的名字作例子，仿佛对我们说，人们中最有智慧的就像苏格拉底那样，在智慧方面是微不足道的。"他的这一论断并非想贬低人的知识能力，而是旨在批判当时的雅典人缺乏理性这一状况。

苏格拉底对自己的学生很关心。他教育学生，让他们离开那些纸醉金迷的生活，去过一种"爱智"和简朴的生活。因为苏格拉底认为人要学习，要追求智慧，而不是一味地沉迷于逸乐。

苏格拉底对智慧的追求，也就是"爱智"，是极为勤奋的。他既不经商，又不从政，每天从早到晚在雅典的街头及公共场所，如市场和运动场等地，找人交谈。从这些谈话中，他归纳出不少有教益的论点。他如此勤奋地向人访谈，一方面可以看出他的坚忍不拔和不怕苦、不怕累、不怕烦，另一方面也启发了青年人对他的敬仰和爱戴。他曾对年轻人说，任何技艺不能只靠秉赋，只有愚人才能自以为无师自通；必须勤学苦练深加钻研，才能有理好家并治好国的才能。苏格拉底还认为对待人的方法不应是一样的，对那些有天赋而轻视学习的人，就应该让他们知道，越是有天赋的人越应该受到教育，这样，他们才能成器；否则，那些秉赋虽好，但没受到严格训练和教育，本人又不勤奋好学，就会成为最没有用或最坏的人，成为社会的祸患。

【最初的辩证法】

人类自诞生以来，就对万物的起源十分感兴趣，先哲苏格拉底对此当然也十分关心。他年轻时对自然科学知识十分热衷，对其竭尽全力孜孜以求。对于万物如何生成，如何消失，他都希望能找到答案。当时他所接触的宇宙学说，既有东方的，也有西方的。东西方是各自发展成为不同体系，相互间是矛盾对立的，即东方的宇宙观是一元论，而西方的则是二元论或多元论。东方的一元论认为，宇宙间的所有物质，包括人类的心灵全都是由“气”组成的；而西方对此却持不同的观点，其代表人物是恩培多克勒斯。他认为所有的物质都是由土、水、火、空气等构成的。它们之间互相撞击，于是混合成为万物。

毕达哥拉斯是古希腊毕达哥拉斯学派的代表人物。他对数学的研究产生了后来的理念论和共相论。

另外还有一种与东方一元论对立的论点，这是毕达哥拉斯学派提出来的。他们认为，数学是解开宇宙奥秘的钥匙，所以他们提出的原理都是些数学公式。他们认为宇宙万物都是由“点”或“单元”构成的。这些所谓的“单元”或“点”是以特定的几何形态或图形排列的。青年时期的苏格拉底对东西方这些不同的论点是异常关心的，也因此受到激励。

阿那克萨哥拉斯是第一个把哲学带给雅典的人，对苏格拉底的影响很深。

苏格拉底因为要研究自然，在他的脑海中就浮现出不少问题，如为什么人会有冷和热的感觉，为什么某些东西腐烂后又会变成其他的生物。苏格拉底认为，这或许是空气所造成的，也或许是火，还或许是生物本身，也许哪一样都不是。所有这些问题都使苏格拉底困惑不解，直到有一天，他接触到了阿那克萨哥拉斯的著作，他忽然觉得自己总算找到了答案。阿那克萨哥拉斯所主张的是“万物种子”说，并认为“理性”为万物建立秩序，这也是万物存在的原因。苏格拉底在阿氏著作中寻觅到了“万物生存的原因”，他对此感到非常高兴。

阿那克萨哥拉斯的理论曾一度使苏格拉底认为自己已经找到了真理，但他做进一步的探讨后，却又感到失望了。苏格拉底不得不承认自己“毫无研究自然科学的头脑”，于是他去寻求另一条出路，这就是辩证法及回答法的观念。

苏格拉底通过相互间问答的谈话，以此寻找普遍的定义、寻求真理的方法就是古代希腊最初意义的辩证法。关于“辩证法”这个古希腊语文中的词汇，其最初的原文，即古希腊文的含义是“通过说话、谈话”。格拉底自认他的哲学方法就是借助于谈话问答寻求普遍的定义，也就是探索真理的方法。实际上是在问答中不断地揭露对方的矛盾，使得对方不断承认并修正误识从而逐步认识真理，可能这就是人类最早认识到的辩证法。但是苏格拉底的辩证法只能指出具体事物和普遍本质的对立，但没有将二者有机地联系起来。

所以，在我们审视苏格拉底的一生时，就会发现他寻觅到人生途径的过程是这样的：首先研究自然，继而研究人的变化。具体地讲，一开始，苏格拉底尽心尽力地研究自然，探索其规律。随后，他发现人类的灵魂比树木、星辰、石头更为重要，于是开始审视与考察一切思想的真实性与正确性。其次，苏格拉底自发与自觉地感到他有代表全体人的使命感。其三，苏格拉底从自身被控告始直至他被判处死刑，他都自觉地致力于有关灵魂不灭的问题的探讨与研究。

希波战争中的士兵

公元前480年的希腊三层桨战船

【勇敢参战】

苏格拉底在一生中曾经历了两次大的战争，其一是反抗外来侵略的波希战争。这场战争始于公元前 492 年，当时苏格拉底尚未出生。这场战争是公元前 449 年结束的，那时苏格拉底只有 20 岁。虽然苏格拉底没有直接参战，但也经受了战争的洗礼，受到爱国主义的教育。其二是伯罗奔尼撒战争，这是一场以雅典为首的一方与斯巴达为首的伯罗奔尼撒同盟为另一方的战争，这是一场希腊世界内部的战争。

斯巴达和雅典都是希腊著名的城邦，它们之间经常明争暗斗。图为斯巴达士兵和雅典士兵在厮杀。

伯罗奔尼撒战争是在公元前 431 年正式爆发的，历时 27 年，在公元前 404 年结束。这场大战是古代希腊社会的一个重要转折点，是雅典城邦从强盛走向衰落的关键。苏格拉底是一名忠于雅典城邦、热爱雅典的公民，他必然参加捍卫雅典的军事行动。在这场旷日持久的战争的第一阶段，即在雅典和斯巴达订立尼西亚和约之前，苏格拉底入了伍，当的是重装甲兵。

苏格拉底参加的是波提狄亚战役，当时他还不到 40 岁。波提狄亚原来属雅典盟邦，但由于在斯巴达等的唆使与支持下叛离了雅典。这样，雅典派遣卡利亚斯先后率 70 艘战舰和 3000 名重装甲兵前往平叛，围攻了两年，城内饥馑遍处，甚至出现了人吃人骇人听闻的可怕现象。波提狄亚被迫投降，那里的人全部被驱逐到外地。这场战争极其残酷，雅典方面的军事指挥卡利亚斯也阵亡了，与苏格拉底一块参加战斗的还有青年军人阿尔喀比阿得斯。

希腊骑士和斯巴达战马，这两尊青铜马和骑士雕像是希腊时期斯巴达人和希腊人的雕刻艺术典范。

在柏拉图的《会饮篇》中记录了阿尔喀比阿得斯对苏格拉底英勇事迹的生动描述：当军队被切断供给时，苏格拉底忍饥挨饿，辛苦至极；在严寒中，别的军人大多都用毛毡裹着身子御寒，而苏格拉底仍旧穿着单薄的破旧衣服，赤着脚在冰面上行走。在一次战斗中年轻的阿尔喀比阿得斯负了伤，苏格拉底独自杀开一条血路把他救了出来；后来，将领们由于阿尔喀比阿得斯作战英勇，决定颁发给他花环，而阿尔喀比阿得斯却认为是苏格拉底在战场上救了

他的命，应该把花环颁发给苏格拉底，但苏格拉底却对此予以拒绝。

在伯罗奔尼撒战争中，苏格拉底第二次参加的是公元前 424 年的德立安战役，这时他 46 岁。德立安是雅典北部邻近优卑亚的城邦。雅典的军队在这里与彼奥提亚人作战，双方各派出大约 7000 名重装甲兵，先后进行了两次战斗。彼奥提亚人得到别的城邦的援助，最后利用火攻，大败雅典的军队，雅典主将阵亡，溃败的军队取海道逃回。这场战斗表明雅典已呈败势。柏拉图在《会饮篇》中引述了阿尔喀比阿得斯的回忆：雅典军队在德立安败退时，拉凯斯将军和苏格拉底在混乱的队伍中行进；苏格拉底极为镇静，“昂首阔步，环顾四周”，使战友们的情绪得到稳定，于是得以顺利撤回。

苏格拉底第三次参加战斗是公元前

苏格拉底的妻子将脏水浇了他一身。

422 年，当时他 47 岁，这是在色雷斯的安菲波利之战；但关于这场战争的记载很简略，所以我们不知道苏格拉底是否又立下了汗马功劳。

【苏格拉底的妻儿】

苏格拉底一生结过两次婚，第一个妻子叫密尔多，是法官亚里斯狄得的女儿，但不幸的是他们俩婚后不久密尔多就去世了。苏格拉底的第二任妻子克珊狄波斯脾气暴躁，关于她和苏格拉底之间的逸闻趣事一直为人们所津津乐道。流传最广的一个故事就是一次克珊狄波斯在家指责苏格拉底每天总是外出与青年交谈，根本不顾家。随即，苏格拉底又走出家门去和青年们交谈了。他刚一出门，他的妻子就在他的背后从头上泼下一盆水。这时，苏格拉底很风趣地说道：“我知道，响雷之后必然有大雨呢！”

无釉赤陶花瓶，描绘了斯巴达步兵与希腊步兵的对垒情况。虽然雅典士兵极力地抵抗斯巴达士兵的攻击，但最后还是以雅典战败而告终。

据记载，犬儒学派的创始人苏格拉底的弟子安梯斯忒涅斯曾经询问过苏格拉底，他怎么能同“最惹人烦恼的女人”过日子？苏格拉底十分俏皮地回答道：“正如驯马师必须驯服最烈性的马，而不是驯较易驯的马一样。”

由于克珊狄波斯性情急躁，引起儿子兰普罗克勒斯的不满，于是苏格拉底对儿子循循善诱，向他讲述了有关父母的养育之恩，不应该忘恩负义，要尽孝道。这是因为“国家对那些不尊重父母的人可处以重罚，不许他们担任领导职务，认为这样的人不可能很虔敬地为国家献祭，也不会光荣而公正地尽其他职责”。

在苏格拉底获罪后，他还在法庭上说出了对于孩子的期望：“有一天，我的儿子要是长大了，希望你们也让他们像我一样，接受痛苦吧！我的儿子若不致力于学问，却为金银疲于奔命；不像一个真正的人，却偏偏自己以为是堂堂正正的人，你们可以加以处罚，如此一来，我和我的儿子，都可从各位那里，得到相同的待遇。”

苏格拉底被堕落和不虔诚的年轻人审讯。

蒙冤而逝

公元前404年是有光荣历史的雅典最为不幸、最遭殃的一年，因为雅典战败，在这一年向斯巴达无条件投降。斯巴达将军赖山德下令取消雅典的民主政体，成立了一个“三十人委员会”实行独裁专政。这一年苏格拉底已经66岁了，但他仍坚持自己的理想，不因形势恶化而改变自己的初衷。首先，有流言飞语，给苏格拉底戴上“培养叛逆者的人”的帽子，随后当局规定，禁止他与青年人讲话。

这还不是最糟糕的，最糟糕的是苏格拉底还遭到了陷害。公元前399年，有三个雅典人：墨勒托斯——拙劣的悲剧合唱歌曲的作者，安倪托斯——制革的匠人及吕孔——演说家，一块儿到雅典的法庭指控苏格拉底。他们的起诉状如下：“匹托斯居民墨勒托斯之子墨勒托斯，就以下事宣誓——我告发阿罗卑克胞区区民索福罗尼斯科斯之子苏格拉底，该人不承认国家所规定的众神，引入其他的神（宗教行为），并且蛊惑青年犯罪，我们要求将他处以死刑，以整肃国法。”

这些对苏格拉底的指控都是没有道理的。起诉状中说，苏格拉底“不承认国家所规定的众神”。实际上，古希腊的先哲们，个个都不相信国神，甚至有人否认神的存在，而苏格拉底则是唯一没否定神的存在的一位，他还常常劝人们信神，按礼节膜拜神明。

另外还有一条罪名是“蛊惑青年犯罪”，但其实苏格拉底从来没有刻意鼓动过青年，所有跟随他的人都是实实在在、心甘情愿自动聚集在他身边的。苏格拉底无论在市场、在家里或在其他别的地方与弟子或青年们讨论，都能提出精确的理论，并有新意，以此来阐释真实。但偏偏却有些人认为苏格拉底虚伪、有罪，于是着手调查他所谓不正当的言论，并对他所谓的罪行进行公开的讨伐。由于那三个人的指控，使苏格拉底含冤背上了莫须有的罪名。

虽然苏格拉底在法庭上做了从容不迫的辩护与申诉，表明自己是无罪的，但最后陪审团仍然裁定他有罪，当时的法律是有规定的，在裁定有罪之后，应该先由原告提出一种他们认为适当的量刑方法，随后再由被告提出一种量刑方法，最后再由执政官决定施行其中的一种。墨勒托斯认为应判苏格拉底死刑。若是这时苏格拉底只要提出另一种较轻的量刑方法，一定会得到认可的。但苏格拉底不屈服，毅然申言自己无罪，不应该受处罚。他认为自己提出一种较轻的量刑方法，就等于自己承认有罪。苏格拉底是万万不能这样做的。

对于人的死亡，苏格拉底早有成熟的看法，他认为这是“灵魂转移”，因此，对人个体的死亡，特别是关于自身的死亡，他无所畏惧。从判刑那天起直到就刑，苏格拉底在狱中被囚禁了一个月。在此期间，苏氏和自己家眷，包括妻子和三个儿子，朋友及弟子们照样谈话。他一点也不畏惧、不迷惑、不沮丧、不怨天尤人。

苏格拉底的众多同仁、弟子向他建议，订出计划，协助他逃出去远走高飞，他都未予理会，这倒不是这样做有什么困难和风险，而是苏格拉底有自己的见解和想法。他不逃出去远走高飞的理由

苏格拉底雕塑

是，逃遁以求苟活是卑怯者的行为，他坚信法律是应该遵守的，判决即是法律所包含的某一程序，应予以服从。苏格拉底正视法律，选择死亡，正表现了他的遵法、守法、自信和爱知的精神。

按照当时雅典的法律规定，所有被判有罪的人都可以请求宽恕。但是这样做就等于承认自己有罪，当然苏格拉底是不愿意这样做的。当时雅典法律还规定，被判有罪的人还有自己选择某一种刑罚的自由，即在认罪的前提下交罚金或者选择被放逐的处罚。这些都是古希腊雅典当时宽容的民主措施。然而，苏格拉底一贫如洗，他声称，自己没有这笔钱，也不愿意交罚金。苏格拉底也不愿意领着妻子和孩子，在法庭垂泪乞求同情和宽恕。他倔强的态度惹怒了法官，但他表示“我宁愿选择死也不愿婢膝地乞求比死还坏得多的苟且偷生”。

5月的一天，苏格拉底终于要被执行死刑了。他的朋友和学生聚集在他的周围，希望能和他一起度过最后的时刻。苏格拉底十分沉着冷静，丝毫不畏惧死亡。他说：“在我饮鸩去世后，我要告诉你们，我去另一个国度了。有关这个问题，刚才我们谈论了许久。这是因为一方面希望你们镇定下来，另一方面，也是在安慰我自己。可是我们之间方

苏格拉底之死。他神态自若，慨然赴死。

才的谈话，好像克里同并没有听进去。我恳求你们向克里同担保，向他作保证，我死后是不会留在这儿的，会去离这儿很远的乐园。这样一来，克里同的心情就能平静下来。那样，在他看到我躯壳被埋葬或焚化时，他的悲恸或许要减少的，因为他不会感到那样做是对我的虐待；同时，在埋葬尸体时，他不至于说：'埋葬的是苏格拉底。'克里同啊，你必须丢掉那些没有实际意义的想法，以免伤害自己的心灵。你要鼓足勇气说：'埋葬的只是苏格拉底的躯体。'关于怎么样埋葬，就照你的意思，按照现行一般的民俗做就行了。"

苏格拉底说完上面这些话后就站起来，然后走进另一间房子去沐浴。沐浴完毕以后，苏格拉底的家人来到了他的身边。苏格拉底交待了后事之后，让他的妻子和孩子先回去了。天渐渐地黑了下来，这时一个人进来了，里面盛的就是鸩，即毒药。苏格拉底把杯子接了过来，脸色一点也没有变，镇定自若，跟平时的表现完全一样。他看了看把杯子递给他的那个人，然后问道："我可不可以从杯子里取一点出来，把它献给神呢？"那个人回答道："我们准备的毒药的分量刚刚好。"苏格拉底于是说道："这我是知道的，我只是想向神祷告罢了，祷告我从这个世界到达另一个世界，能够平安幸福！这也是我用这杯中之物作为饮料，以此来向神许愿。"说完，他就把毒药饮下去了。

苏格拉底死时衣衫褴褛，散发赤足，而面容却镇定自若。他打发走妻子、家属后，与几个朋友侃侃而谈，似乎忘记了就要到来的处决。最后，老人安详地闭上双眼，似乎睡去了一般。

时间一分一秒地过去了，苏格拉底感到身体渐渐沉重起来了。这时，那个行刑的人在苏格拉底的脸上盖了一层布。苏格拉底将盖在脸上的布拉开，开口说话："克里同，我还欠医神阿斯克勒皮俄斯一只公鸡，请不要忘了，要还给他。"

这就是苏格拉底临终时所说的最后一句话。克里同赶忙对苏格拉底说道："好的，还有没有其他别的事情呢？"这时，苏格拉底已经无法开口回答了。舌头已经僵直了。随即，苏格拉底的身体痉挛了一下。那个行刑的人立即把盖在苏格拉底脸上的布拿开。这时，苏格拉底的两眼已失去了光彩。克里同用手轻轻地按摩着苏格拉底的双眼和嘴，使他安息。

古希腊的一代圣贤苏格拉底从此陨落了。

大事年表

约公元前469年	苏格拉底诞生。
公元前449年	波希战争结束。
公元前431年	伯罗奔尼萨战争爆发。据记载，苏格拉底参与了导致伯罗奔尼撒大战爆发的波提狄亚战役。
公元前424年	苏格拉底又参加了德立安战役。
公元前422年	苏格拉底参加了安菲波利之战。
公元前404年	雅典战败。
公元前399年	苏格拉底被指控犯罪，并被处死刑。

Plato

柏拉图

柏拉图是古希腊哲学的著名代表，也是整个西方宗教与哲学思想发展史上一位具有里程碑意义的人物。他不像其师苏格拉底一样述而不作，而是勤于写作，为后人留下了许多脍炙人口的名篇。他的著作都以对话体写就，其中的几十篇对话集也使之成为西方哲学家中能给后人提供第一手材料的第一人。他的文章优美典雅、给人启迪，充满哲理和睿智。由于其对哲学思考加以系统化、体系化的努力，毕达哥拉斯提出的“哲学”概念在他这里真正成为“哲学”理论和思想体系。所以，黑格尔说：“哲学之作为科学是从柏拉图开始的。”

【少年时代】

雅典这座文化名城不仅孕育了古希腊璀璨的文明，还孕育了一个又一个对后世影响深远的大师。继苏格拉底之后，雅典又诞生了一位伟大的哲人——柏拉图。

柏拉图出生于雅典的一个贵族家庭。他父母的家族都是雅典的名门望族，而且他们的家族中还出现过很多对雅典的社会和历史产生了重要影响的人物。在这样的家庭中，柏拉图接受了良好的教育。随着年龄的增长，柏拉图渐渐显露出非凡的才能。人们都认为，这个小伙子将来肯定前途无量。

按照雅典的传统，柏拉图应该从政，成为一名受人尊敬的政治家，但是，谁也没有料到，命运会把他推向另一片海洋，这片海洋也许不那么五彩斑斓，但却更为广阔。

柏拉图命运的转折和雅典命运的转折是密不可分的。公元前 6 世纪，梭伦对雅典的政治制度进行了改革，奠定了雅典民主政治的基础。公元前 5 世纪，雅典又进行了希波战争，实力大大增强。强大的海上力量使雅典成为希腊各邦的领头羊之一，而且频繁的海外贸易也给雅典带来了大量的财富。在雅典执政官伯里克利的治理下，雅典更加繁荣昌盛。但是，这样的辉煌在柏拉图出生的时候已经不复存在了。当时，旷日持久的伯罗奔尼撒战争爆发了，雅典战败。更不幸的是，大战还带来了瘟疫，让整个雅典城损失了近一半的人口。伯里克利本人也被政敌攻击，迫使他退出了政治生涯，并在柏拉图出生前病逝了。雅典，这个曾孕育了伟大文明的城邦，从此开始江河日下。

梭伦改革是雅典城邦乃至整个古希腊历史上最重要的社会政治改革之一，它为雅典城邦的振兴与富强开辟了道路，奠定了雅典城邦民主政治的基础。

战争的破坏并没有使雅典人吸取教训，反思自身，而是变得越来越好战残忍。在柏拉图幼年时，雅典人收复了支持斯巴达的一座城邦，并将城里所有的男性公民处死，还把妇女和儿童都卖作奴隶。公元前 415 年，雅典又与西西里岛上的叙拉古城邦发生了战争，损失惨重，连将军尼希阿斯都战死沙场。

这一时期的雅典，不仅对外战争频繁，政权也不断更迭。民主制被五百人委员会取代，而后又被恢复。但一些政客又挑起了和斯巴达的战争，结果自讨苦吃。雅典不仅被迫投降，连军队也被解散，民主制又被取消，建立了僭主制度，史称“三十僭主”时期。但这种制度不符合雅典的民主传统，不久便被民主制所取代。

柏拉图静静的望着远处，在回忆那些曾对他影响至深的事情。

但这时的民主制已经不是从前那个健康、公正的民主制了。政客们争权夺利、钩心斗角，人们结党营私、拉帮结派。几乎人人都在参与着、制造着阴谋。年少的柏拉图由于他家庭的关系，目睹了这些形形色色的表演和肮脏的幕后交易，对政治极度失望。

从柏拉图晚年的回忆中，我们可以看见他当时的绝望和痛苦。他说：“在我年轻的时候，我的经历和其他人一样。我认为只要能成为自己的主人，就能参与公共生活。但政治环境发生了命定的转折。政府为多数人憎恨，因一人而发生了一场革命。这场革命由五十一人领导，其中三十人形成了最高的政治权威，拥有无限的权力。这些人中，有些是我的亲戚和相识，他们邀请我参加他们的管理，只要我愿意。我想象他们会很好地管理这个城邦，带领它从不公正的生活方式走向公正的生活。但实际上看到的一切甚至使我在一个短时期内开始怀念以前的政府，把那时当做黄金时代……当我亲眼目睹这些和其他一些严重的事情，我便反对并远离这些罪恶。很快，三十僭主和他们的政府便被颠覆。”

虽然雅典在走向衰落，但它的余辉却仍然光彩夺目。雅典失去了军事霸主的地位，但依旧是希腊世界的文化中心。文化活动兴旺发达，吸引着许多才华出众的外邦人士云集雅典。柏拉图年轻时可以观赏到伯里克利时期伟大的艺术家们留下的建筑

阿里斯托芬和索福克勒斯双头像。在当时，人们认为阿里斯托芬和索福克勒斯这两位艺术家是互补的，所以喜欢将这两位同时代的喜剧和悲剧的代表剧作家作对比。

柏拉图也受到许多之前的作家和思想家的影响，包括了毕达哥拉斯所提出的“和谐”概念，以及阿那克萨哥拉教导的应该将心灵或理性作为判断任何事情的根据。

和雕塑，也可以聆听到《荷马史诗》和三大悲剧作家的作品，花少量的钱就可以到剧场看一出阿里斯托芬的喜剧。许多先贤的后代在雅典逗留，如毕达哥拉斯、恩培多克勒、阿拉克萨哥拉的传人。从他们那里，柏拉图知道了许多古怪的理论，这种文化上的熏陶对柏拉图的未来产生了重要的影响。

【与苏格拉底相遇】

政客的无耻、公民的愚昧和文化人的堕落，使柏拉图不再留意政治。这时的他满怀愤懑和孤独，开始愤世嫉俗。但这种情绪不足以使柏拉图真正得到升华，于是一位伟大的人物出现了，这就是柏拉图的恩师苏格拉底。

关于柏拉图和苏格拉底的相遇，还有一些有趣的传说。据说，在苏格拉底遇见柏拉图的前一夜，他梦见在他的膝头上不知从哪里飞来一只雏天鹅，这只天鹅慢慢长大，逐渐羽翼丰满，最后翱翔天际，唱出优美的歌声。而柏拉图在剧场前面第一次听到苏格拉底的谈话后，顿有所悟，欣喜若狂，当场烧掉了他所喜爱的悲剧诗人的书，从此成为苏格拉底热烈的追随者。

苏格拉底不是职业教师，他不靠收徒授业为生，只喜欢追求真理。虽然生活很清贫，但他总是自得其乐。苏格拉底教导柏拉图要守护自己的灵魂，要关心自己的美德，这就要像德尔斐神庙中高悬的铭文“认识你自己”，因为美德就是知识。在苏格拉底看来，人们的行为和社会的活动要成为理性的、公正的和健康的，不单是要对方法进行策划和算计，而且要思考行为的真正目标，这些道理都深深印在柏拉图的心上，他立志也要做一个像老师所说的那样的人。

但当时的雅典已经容不下像苏格拉底这样的人了。他们诬陷苏格拉底蛊惑青年和不信神，将这位善良伟大的老人送上了法庭。苏格拉底在法庭上慷慨陈词，并且仍然没有忘记他劝勉的职责。他没有让他的妻儿哭哭啼啼地为他求情，放弃了

欧几里得创立的麦加拉学派是在苏格拉底和爱利亚学派的影响下形成的。

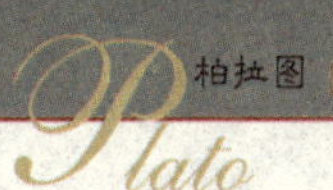

以罚代刑的选择，也拒绝了他的学生和朋友帮助他逃走的计划。因为在他的观念中，死亡不过是去了另一个世界。最后，这位哲人从容平静地喝下了毒药。

但柏拉图的情绪远远不像苏格拉底那样平静，老师的死深深地震憾了柏拉图年轻的心灵。他亲眼目睹了苏格拉底在法庭上的动人场面，之后便大病一场，甚至没能为他的恩师送别。雅典使他看到了苦难和罪恶，看到了人的丑恶会造成多大的灾祸，而在苏格拉底的高贵品性中，他看到了人的另外一种可能性，看到了知识和美德如何使人成为一个真诚的人，看到了对现实世界真正的超越。从此，柏拉图走上了一条灵魂的升华之路。他的哲学就是在美德和知识中克服罪恶和堕落的力量，在对永恒幸福的追求中，在对现实的不断超越中，最终找到了迷失了的人的心灵。

寻求知识的过程虽然辛苦，但柏拉图还是毅然决定离开雅典，出游埃及和昔勒尼。

苏格拉底的死让柏拉图认识到理念存在于人类的灵魂之中，人类的正确目标就是要在自己的灵魂中发现理念。柏拉图的这种思想为后来理性主义的发展奠定了基础。

游历生涯

苏格拉底死后，柏拉图便离开了雅典这个让他伤心的地方，开始四处游历。柏拉图考察的第一站是麦加拉，因为那里有他的师兄弟欧几里得。欧几里德在当地创立了麦加拉学派，试图把苏格拉底的伦理学说同另一种哲学结合起来。

然后，柏拉图又来到了当时希腊著名的数学、哲学活动中心之一的居勒尼。在居勒尼，柏拉图结识了数学家泰欧多罗斯。泰欧多罗斯不仅在数学方面非常有造诣，对音乐、天文学等也都颇有研究。柏拉图在《泰阿泰德篇》中说泰欧多罗斯提高了自己的数学和天文学修养。

柏拉图还到过埃及。他对于埃及文明赞不绝口，在《法律篇》中写道："在那里有真正地道的一万年前的绘画和造型艺术，你

柏拉图的教学体系是金字塔形。为了发展理性，他设立了全面而丰富的课程体系，并以学生的心理特点为依据，划分了几个年龄阶段，并分别教授不同的教学科目。

仔细观察可以发现，它们同今天的作品相比，无论在美与丑哪一方面都毫不逊色，达到了相同的技艺水平。”另外，他还对埃及的政治、宗教，甚至养鱼业等都有比较详细的记载。

在南意大利，柏拉图访问过毕达哥拉斯学派。南意大利城市塔拉斯是一个毕达哥拉斯学派的中心，柏拉图在这里和这个学派的人切磋学术、交流心得。

最后一站是西西里。在西西里，柏拉图遭遇了危险。当时统治西西里的是狄奥尼修斯一世，他是一个野心勃勃而又伪善无耻的君主。在表面上，他摆出一副礼贤下士的姿态，到处招贤纳士。柏拉图来到此地时，便受到了狄奥尼修斯的邀请。但狄奥尼修斯并不是真心聆听教诲，只是为了装潢门面。柏拉图和他谈到僭主政体的弊端时，狄奥尼修斯顿时恼羞成怒，下令把柏拉图处死。在受审时，柏拉图一言不发，丝毫没有慌乱的样子。审问他的人大为感动，决定免除他的死刑，将他卖为奴隶。后来，他的朋友又用钱为他赎了身。长期的游历，使他眼界大开、阅历广博，思想逐渐酝酿成熟。

开办学园

到不惑之年的时候，柏拉图结束了游历生活，回到了久别的故乡，并建立了一所自己的学园。学园设在郊外的一座大花园里，因邻近阿加德米运动场而被叫做阿加德米学园。

在学园里，柏拉图找到了自己要从事的真正的工作，也找到了实现自己抱负的基础。他按照自己的理想，首先对学生进行数学、几何、天文学和声学等方面的训练，这些科目可以培养学生对纯粹抽象思维的喜爱和能力。柏拉图的教学经常不用手稿，而是和苏格拉底一样，与学生交谈，提出问题，互相讨论。与此同时，柏拉图也开始了对话录的写作，他酝酿已久的思想像火热的岩浆一样喷涌而出，大多数我们熟悉的对话录的篇章都是在这段时间完成的。

学园在社会上也取得了很大的成功，

苏格拉底对柏拉图的影响很大，柏拉图也是苏格拉底的忠实信徒和亲密朋友。

许多优秀的人士和达官显贵的子弟都纷纷前来加入。学园的人中不乏著名的数学家、天文学家，还有一些在本地的政治中锋芒毕露的人物。当然，学园的最大贡献还是培养了亚里士多德。他从17岁就来到学园，并在那里度过了整整20个春秋，直到柏拉图去世为止。

这所学园可以称得上是欧洲历史上第一所固定的学校，为晚期希腊和罗马时期的文化发展做出了杰出的贡献，抚育了不少在西方文化史上占有卓越地位的学者，甚至对近代欧洲形成和发展起来的学园和大学都有影响。

柏拉图特别强调早期的教育和环境对儿童的作用。他认为在幼年时期儿童所接触到的事物对他有着永久的影响，所以教学过程中要通过具体事物的感性启发，引起学生的回忆，经过反省和思维，再现出灵魂中固有的理念知识。就此而言，柏拉图的教学认识是一种先验论。

【晚年岁月】

柏拉图在学园里传道授业，过了几十年平静、超脱的生活，但后来发生的一件事却打破了他的宁静。这件事的起因还是柏拉图以前游历西西里时的一次巧遇。他结识了一位才华出众、前程远大的青年，这人正是叙拉古的君主狄奥尼修斯一世的女婿狄翁。狄翁深为柏拉图的见识和才智所折服，后来也成为学园的学生。

狄奥尼修斯一世去世后，新君主狄奥尼修斯二世还是一个年幼无知的孩子。新君主的姐夫狄翁便邀请柏拉图来做这位小国王的老师。起初，师生之间的关系还比较融洽，但后来狄奥尼修斯二世与狄翁发生了严重的冲突，结果狄

狄奥尼修斯一世

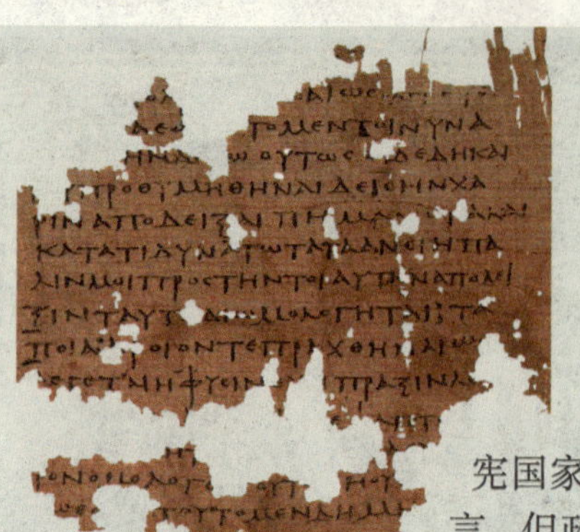

关于柏拉图的《理想国》的图书记载

翁遭到放逐。柏拉图身处两难境地，只好回到雅典。为了使两人和解，柏拉图又来到叙拉古，建议狄奥尼修斯二世实行各派合作，把叙拉古建成一个强大的君主立宪国家，并拟定了新宪法的序言。但政治远比柏拉图设想的要复杂得多，他不仅没有实现自己的想法，还面临着危险和恐吓。无奈之下，柏拉图只能又回到雅典。

逃出去的狄翁联合了学园中的一些学生，招募了一支军队，最后成功夺回了权力。柏拉图向他写信祝贺，同时提醒他不要穷兵黩武，希望他像学园的理想那样树立一个正义的典范。不过，狄翁后来在一场政变中失去权力，并遭到杀害。

柏拉图度过了几年短暂的政治生活后，又恢复了学园的生活。他仍然热心教学、勤奋著述。他的一些最成熟的作品就是在晚年完成的。随着时间的流逝，柏拉图也越来越老迈。有一次，已届耄耋之年的他被邀请参加朋友的婚宴，在酒席上他觉得身体有些不适，便退到屋角休息。没想到，他就在那里静静地长眠了，享年 80 岁。

在教学过程中，柏拉图始终是以发展学生的思维能力为最终目标的。所以他经常与学生在学院中交谈。

【柏拉图的著作和思想】

与苏格拉底不同，柏拉图为我们留下了许多著作。以柏拉图的名义留传下来的作品共有 35 篇对话录和 13 封信札，这些作品的真伪和年代顺序，很早就成为学者们争论的问题。

柏拉图的作品在内容、风格方面差异很大。许多学者由此来确定柏拉图每篇对话的年代和顺序。按照公认的做法，全部对话作品分成不同的组，对应于柏拉图思想发展的不同时期：与苏格拉底相近的对话，包括《申辩篇》《克力同篇》《查密德斯篇》《拉黑篇》《尤叙弗伦篇》《普罗塔哥拉篇》《美诺篇》《尤息底模斯篇》《高尔吉亚篇》《李思篇》；表述柏

拉图早期思想的对话，包括《克拉底鲁篇》《会饮篇》《斐多篇》《理想国》的前几章；表述柏拉图中期思想的对话，包括《理想国》后几章、《斐德鲁斯篇》《泰阿泰德篇》《巴门尼德篇》；表述柏拉图晚期思想的对话，包括《智者篇》《政治家篇》《斐利布斯篇》《蒂迈欧篇》《克力锡亚斯篇》和《法律篇》。在写作手法上，除了《申辩篇》外，主要都采用对话体。

在柏拉图的著作中，《理想国》是有代表性的集政治、哲学于一身的综合性著作。这部作品不仅详细阐述了柏拉图的政治、伦理思想，也系统论述了他的政治理论。

在第一卷中，柏拉图引出关于“正义”以及正义与幸福、利益关系的讨论。从第二卷到第四卷，是对理想国的构造与设想的初步讨论。进入第五卷，关于理想国的构思逐步走向高峰。在这一卷中，柏拉图提出“哲学王”的观念，并在后半部分转入对哲学王的选拔与培养问题，一直到第七卷结束。在这一部分，柏拉图系统地阐述了他的理念论哲学，提出认识最高善的理念的辩证法以及“知识的四等级说”。柏拉图还发表了他对哲学的性质和同哲学相关的学科的看法，同时也完成了对理想国的设计。在第八、第九卷柏拉图考察了当时的四种政体，并对它们的利弊和演变原因做了阐述。最后，柏拉图在第十卷得出结论：无论大至国家或小到个人，正义者与不正义者相比，正义者将赢来更大的利益和幸福。

《理想国》是一部内容十分丰富的综合性著作，除伦理学和政治外，还包含许多问题。其中，涉及到教育、文艺、认识论、本体论、灵魂论以及数学和天文学等各个方面。它是柏拉图留给后人的宝贵遗产，对整个西方乃至现代文明都有着重大影响。

柏拉图认为关于理性的知识唯有凭借反思、沉思才能真正融会贯通，达到举一反三。所以教师要善于点悟、启发、诱导学生进入这种境界。

柏拉图才思敏捷，研究广泛，著述颇丰。以他的名义流传下来的著作有40多篇，另有13封书信。图为柏拉图的手稿。

大事年表

公元前427年	柏拉图出生于雅典附近的埃癸那岛。
公元前420年	柏拉图被送进学校接受启蒙教育。
公元前407年	20岁的柏拉图遇到苏格拉底，为苏格拉底所折服，从此追随。
公元前399年	苏格拉底被诬陷致死，他的死对柏拉图打击很大。
公元前398年	柏拉图与苏格拉底的其他弟子纷纷离开雅典到外地游历，到过西西里、意大利、埃及。
公元前388年	访叙拉古狄奥尼修斯一世，结识其女婿狄翁，成为至交。
公元前387年	柏拉图回到雅典，开始个人讲学，建立学院。
公元前367年	柏拉图带弟子和友人第二次前往叙拉古，当年老狄奥尼修斯死，狄翁摄政。
公元前366年	狄奥尼修斯二世主政，狄翁逃离，柏拉图怅然离开叙拉古。
公元前357年	柏拉图放弃政治活动，全力著述。
公元前347年	柏拉图与世长辞，享年80岁。

亚里士多德

Aristotle

亚里士多德是古代科学和哲学的集大成者，建立了一个百科全书式的思想体系，在西方文化史、哲学史和科学史上占有显赫的地位。当回顾人类思维历程时，人们不能否认亚里士多德是西方文化的一位奠基人。在他之前没有人在学术上取得过他那样的辉煌成绩；在他之后虽然科学巨匠辈出，但也并未因此而使他失去智慧的光辉。无论人们对他的评价多么不同，有一个事实无可否认，他为人类探求真理开拓了道路，他尊重事实的治学方法为我们所发扬，他的思想更是人类的一笔精神财富。

青少年时代

公元前 384 年，一代大师亚里士多德诞生了。亚里士多德出生于爱琴海北部卡尔西乃西半岛东岸的斯塔吉拉城，这里是希腊的殖民地，它的居民大多数来自南方的安德罗斯岛和优卑亚岛。亚里士多德的父亲就是安德罗斯的移民，他出身于爱奥尼亚以医务为业的世家，母亲菲斯蒂斯是优卑亚岛人。

爱琴海岛屿众多，所以爱琴海又有“多岛海”之称。亚里士多德就诞生在这美丽的海岸。

受父亲的影响，亚里士多德从小就喜爱生物学和医学，而且自幼养成了专注事实、尊重经验的品格和作风。医学向他显示了生命的奥秘，激发了他强烈的好奇心。因为父亲曾是宫廷御医，亚里士多德也曾出入宫廷，还和那些王公贵族一起玩耍过。

好景不长，在老国王死后，宫廷里爆发了激烈的权力斗争。亚里士多德的父母为躲避这场灾难，回到故乡。更为不幸的是，不久之后，亚里士多德的父母双双去世，留下了年幼的亚里士多德。

亚里士多德进入柏拉图的学院，这对他后来的学习有着很大的影响。

所幸的是，亚里士多德还有姐姐。在父母去世后，幼年的亚里士多德就由姐姐阿里木奈丝苔和姐夫普洛克塞诺斯抚养，二人对弟弟的教育十分关心。亚里士多德对姐姐、姐夫感激不尽，终生以最大的敬意怀念他们，后来立像纪念姐夫，要女儿嫁给普氏之子尼加诺尔，并立尼加诺尔为遗产继承人，以报答姐姐、姐夫的抚养教育之恩。

公元前 367 年，亚里士多德刚刚 17 岁，一心求学的他告别姐姐、姐夫，离开故乡，到了当时的文化中心雅典，进入正处在鼎盛时期的阿加德米学园，师从大师柏拉图。当时的雅典，虽然在政治、经济方面已不是繁荣地区，但在文化上仍然是全希腊的中心。这是每一个期望受到最高文化熏陶，或以期在政治上一鸣惊人的希腊青年所向往的地方。

当时的雅典有两所著名的学校，一所是演说家伊索克拉底办的修辞学校，另一所就是柏拉图创办的哲学学校。这两所学校的宗旨虽然都是为雅典培养人才，但它们的教育方法却完全不同。伊索克拉底偏重实用，向学生讲授修辞方法，训练论辩技术；柏拉图则注重理论培养，他全部哲学的核心和孜孜以求的目标，就是想“使哲学家成为君主，或者使这个世界上的君主王公具有哲学的精神和力量”。

亚里士多德怀着一颗追求真理的心来到了柏拉图的学园。当时的柏拉图正在西西里岛访问，回来后见到了亚里士多德。亚里士多德风度翩翩，举止文雅，再加上头脑敏捷，谈话机智，很快便得到了柏拉图的器重。亚里士多德也没有辜负柏拉图的期望，在入园不久就显示出了多方面的才能。

大约在公元前 360 年，柏拉图学园与伊索克拉底学校进行了一场论战。伊索克拉底学校批评柏拉图学园崇尚虚谈，徒托空言，无益于政治和法律这类实际事务。亚里士多德作为柏拉图学园的代表，在论战中崭露头角，有力地批驳了伊索克拉底学校过分注重实用的观念，指出对方在理论上思想贫乏，强词夺理，以逞舌剑一时之胜负，难登学术大雅之堂，从而为柏拉图学园争得了荣誉。

柏拉图与亚里士多德。两人有着深厚的感情，柏拉图十分赏识亚里士多德，而亚里士多德也十分尊重他的老师。

在柏拉图的指导下，亚里士多德进步惊人。他勤奋好学，学业精湛，才华横溢，是一个思想深刻、抽象思维能力极强的人。他的头脑容纳了让人难以置信的知识，对政治学、伦理学、修辞学、逻辑学、历史、心理学、生物学、物理学、数学、医学、天文学、自然史、戏剧、诗歌等都有研究，而且都有成就。有一次柏拉图曾幽默地说，他的学园由两部分组成：一部分是其他学生的身体，一部分是亚里士多德的头脑。柏拉图很赏识亚里士多德的才学，称赞他为“学园之精英”，并在他的住处题上“读书人之屋”，后来还提升他为学园的教师，讲授修辞学。

【游历生涯】

当亚里士多德在柏拉图学园尽情地接受知识洗礼的时候，希腊的局势却发生了变化。马其顿的崛起大大地威胁了希腊其他城邦，公元前 348 年秋，雅典北方重镇奥林索斯陷落，这引起了雅典反马其顿的怒潮，次年春反马其顿派在雅典当权。在这种局势之下，亚里士多德作为一个外邦人，马其顿宫廷御医的儿子，处境非常不妙。

恰在这年，柏拉图与世长辞。临终时，柏拉图指定斯彪西波为学园继承人。于是，亚里士多德结束了学园的求学生活，与同学克赛诺克拉提东渡小亚细亚，回到希腊哲学的发源地。

亚里士多德游历的第一个地方是阿索斯，是受赫尔米亚之邀前来的。赫尔米亚虽然声名不佳，但是对朋友倒是忠肝义胆。他是奴隶出身，却学习了文化，还做过内廷侍从。后来在伊达山中经营采矿，获了巨利，成为富豪，买通了波斯王朝，取得这一地带的主权。赫尔米亚曾在阿加德米学园学习过，对柏拉图的理想——或者哲学家为王，或者王者成为哲学家——很是向往。赫尔米亚发迹后，就请来了四位哲学家：亚里士多德、克赛诺克拉提、柯里斯柯斯和埃拉托斯。四人被安排在阿索斯海滨，让他们潜心讨论哲学，赫尔米亚提供一切必需品。在这里，亚里士多德开始批判柏拉图的哲学，逐渐形成自己的独立见解。

在阿索斯，亚里士多德与赫尔米亚的侄女比娣娅结了婚。婚后生有一女，也取名为比娣娅。这个妻子去世得早，亚里士多德后来又和斯塔吉拉的名叫赫比丽丝的女子结婚，生一子，取名尼各马科，与祖父同名。

几年后，亚里士多德移居累斯博斯岛东南角上的城市米提利尼。在这里他结识了此后 20 多年共同合作、形影不离，又是他学园继承人的泰奥弗拉斯特。

又过了几年，马其顿国王腓力二世为自己的儿子、未来的国君亚历山大物色老师，想到了亚里士多德。腓力二世写信给亚里士多德："我有一个儿子，但我感谢神灵赐我此子，还不若我感谢他们让他生于你的时代。我希望你的关怀和智慧将使他配得上我，并无负于他未来的王国。"亚里士多德接受了邀请，来到了王宫，泰奥弗拉斯特一同前往。当时，亚里士多德刚过 40 岁，能受到这样的殊荣，在当时引起了不小的轰动。

亚里士多德来到马其顿后，先是和亚历山大住在珀拉宫廷里，后来移到一座名为梅札的古堡。教了几年，亚历山大就去打仗了。老师亚里士多德无事可做，就回到了故乡斯塔吉拉。亚历山大对恩师做了隆重的答谢，重建了在战争中被夷为平地的斯塔吉拉。在故乡，亚里士多德听到了腓力二世被刺身亡的消息，又得知亚历山大夺得了王位。亚历山大在安提帕特等掌握军权的将军的支持下，将另外两名争位者——亚历山大的异母兄弟和侄儿，很快除掉。局势稳定后，亚里士多德重返雅典，结束了游历生活。

【漫步学派】

亚历山大即位不久，就开始东征西讨，以迅雷不及掩耳之势，挥师南下平

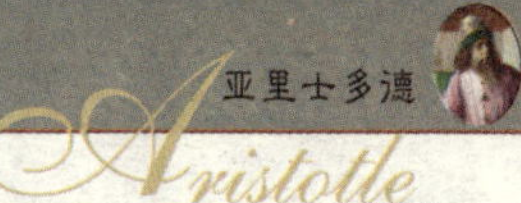

15世纪的亚里士多德木刻画像

定了起兵反抗的底比斯城。南部诸城的反马其顿派迅速瓦解，纷纷投降。亚历山大要雅典交出反马其顿的领袖德摩斯梯尼及其主要伙伴，才能受降。据说是由于亚里士多德出面奔走，为了保存希腊文化，亚历山大才收回了成命，德摩斯梯尼只受到被流放的处分。在马其顿完全控制了局势之后，年已半百的亚里士多德和泰奥弗拉斯特重回雅典。

回到雅典后，亚里士多德在一个叫“吕克昂的运动场”的地方开办学园。这个地方环境优美，有许多树木、喷泉和柱廊，非常适合建学校。吕克昂作为一个教学机构，有一系列的共同规则，如每隔 10 天轮流值勤，每个月全体成员有一次会议，但它的要求似乎不那么严格。开始的时候，设备也不齐全。亚里士多德和学生们只能在体育场的林荫路上边走边讲授课程，在漫步中讨论问题。也许是这个原因，吕克昂的成员被称为逍遥学派或漫步学派。

在西方世界里，亚里士多德的半身雕像是高雅文化的象征之一，足以见他对后世的影响。

在亚里士多德主持下，吕克昂成为一所科学研究和教学之地，他们搜集到很多著作，开创了前所未有的研究工作。这一时期是亚里士多德一生真正的高峰期。这时的希腊停止了无休止的各邦间的战争消耗，社会稳定，为亚里士多德提供了学习和研究的外部环境。而且，经过十几年的游历，亚里士多德增加了社会阅历，增长了见识，开阔了眼界，积累了大量的资料，见解也逐步脱离柏拉图的固定模式，走上了独立探索的道路。在年龄上他虽年届半百，但作为教师，作为思想家，依然精力充沛，头脑敏锐，思想成熟，正是黄金时期。此外，他还有一位忠实、干练的助手泰奥弗拉斯特。

此时的亚里士多德全身心地投入工作，每天身着华丽的服装，口吐机智隽永的言辞，激励着学生们走上智慧之路。上午，他与学生们一起在林荫路上讨论深奥抽象的逻辑、哲学和物理学问题，下午和晚上以通俗的方式向校外听众讲解修辞学、论辩术、政治学。同时还编写了大量的讲义和教学提纲。无论是讲授深奥的道理，还是传授通俗的知识，目的只有一个，那就是教导人们与无知做斗争。

这一时期是亚里士多德的人生辉煌期，他的思想得到充分发挥，观点任意展现，大量的著作，包括哲学、伦理学、政治学、物理学等，都写于这个时期。除教学

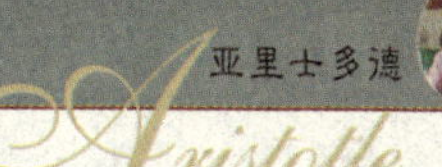

外，他还广泛收集各种资料，进行科学研究。所以吕克昂还是一个研究学术的组织。现在的学者中有人说亚里士多德的这一学园是近代大学的滥觞，这话有一定的道理。不仅如此，学园里设立了欧洲最早的图书馆，对后世也有重大影响。

【哲人之死】

波斯人13世纪画的亚里士多德的图。亚里士多德是亚历山大大帝的老师，为亚历山大大帝做过许多的指导。

亚里士多德在自己的学园取得了巨大的成功，也走上了人生的巅峰，但这辉煌也只持续了十来年。一代霸主亚历山大的突然死亡，让亚里士多德的人生急转直下。雅典公民听到消息后，马上开始组织反马其顿的活动。他们召开大会宣布独立，并把被流放埃癸那岛的德摩斯梯尼接回来。亚里士多德预感到危险将至，对他的老朋友、马其顿驻希腊总督安提帕特说，作为一个外乡人，与马其顿有过来往的他，无法再在雅典待下去了，不但工作不会安宁，生命也在危险中。确实，亚里士多德的罪名在被罗织着，他被指控为“不敬神明”。为了生命的安全，他只好将学园事务交给泰奥弗拉斯特，再次逃离雅典，离开自己一手创办的学园，离开多年相处的朋友和学生，来到优卑亚岛上的卡尔基斯城，住在他母亲留下的老屋中。

事实上，亚里士多德虽然做过亚历山大大帝的老师，但他对政治并不是那么关心，再加上亚里士多德的侄子因反对亚历山大而被处死，师生关系早已冷漠。但雅典人却不管三七二十一，只把他当做亲马其顿的人。虽然雅典的动乱很快就被马其顿镇压了，局面稳定下来了，但亚里士多德经受了这样的打击，一病不起。不久，亚里士多德就与世长辞了。

亚里士多德去世前，立下了遗嘱，并请安提帕特做他的监护人。在遗嘱中，他要求执行人给他的母亲、早年去世的弟弟阿里木奈斯托斯、抚养他成人的姐姐、姐夫立像。要他的女儿嫁给姐姐的儿子尼亚诺尔。对曾侍奉过他的几个奴隶，不能出卖，要继续养育，待他们成年或可自立时给以自由。留给两个孩子的是家产，留给妻子赫比利丝的

是他真心的感情和热爱。最后，按早年去世的前妻比娣娅的意思将自己的尸骨与比娣娅合葬在一起。从这份遗嘱可以看出亚里士多德的责任感，他设想周到，仁慈开明。亚里士多德的遗嘱被第欧根尼·拉尔修全文保留下来，从而使后来的人们可以看到他作为理智化身的另一面，他是一个孝敬的儿子、深情的丈夫、慈爱的父亲、诚挚的兄长、宽厚的主人。他那留存至今的遗嘱充分体现了慷慨大方、爱护别人的品质。

【师生情】

毋庸置疑，在亚里士多德的一生中，柏拉图有着非常重要的地位。从亚里士多德 17 岁入柏拉图学园到 37 岁离开，前后长达 20 年，没有这一段学习和经历，就不会有影响后世的那个大思想家亚里士多德。虽然亚里士多德后来形成了自己的思想体系，但老师柏拉图对他的影响是巨大的。

尽管自己的学生已经贵为国王，亚里士多德并没有一直留在国王身边，他决定回到雅典，建立自己的学园，教授哲学。

亚里士多德与柏拉图结下了深厚的师生情。柏拉图对亚里士多德很欣赏，亚里士多德衷心敬仰和爱戴自己的老师。在柏拉图去世后，亚里士多德还写诗颂扬和纪念这位恩师。

但是，尊敬老师，不等于盲从老师；爱戴老师，不意味着完全赞同老师的观点。亚里士多德的名言“我爱我师，但我更爱真理”就表达了这种信念。当他发现自己的观点与柏拉图不同，并坚信老师的观点不正确时，他就会毫不客气地批评柏拉图。不过，从哲学体系上看，不管亚里士多德对柏拉图的批判多么尖锐，两人在哲学基础和实质上是一致的，至少到最后是一致的。黑格尔说：“事实上柏拉图却是得到亚里士多德为他的继承者，因为亚里士多德是以柏拉图的意义理解哲学的，不过亚里士多德的哲学是更深刻、更完善的——因此也就是同时把它推进了一步。”

亚里士多德自己也有一个著名的学生，这就是威震四海的亚历山大大帝。亚历山大和亚里士多德两家是世交。亚里士多德从阿索斯移居到米提利尼后不久，收到当时的马其顿国王腓力二世的信，邀请他去担任王子亚历山大的教师。于是，亚里士多德回到了他父亲曾经服务过的宫廷。在宫廷，亚里士多德很受国王腓力二世和王后奥林比娅的恩宠和尊敬；但宫廷毕竟不是适于哲学思考的地方，亚里士多德的理论与宫廷的气氛格格不入。

当时，腓力二世正做着征服世界的美梦，王子亚历山大 13 岁，他好大喜功，专横霸道，性情狂暴。整个王宫里面充斥着野蛮、野心和明争暗斗。但亚里士多德对亚历山大的教育还是尽心的，他用自己的全部真诚来教育和培养这个未来的国王。在老师的悉心教导下，这位学生受到了良好的希腊文化教育。据说，亚里士多德改编了一部分荷马史诗，让亚历山大向英雄学习。在现存的亚里士多德著作篇目中，《论君主》和《亚历山大或海外殖民》，一般被认为是他给未来的君主编写的教材。黑格尔认为，亚历山大的精神和事业的伟大乃是来自亚里士多德深刻的形而上学，“亚历山大的教养，有力地驳斥了关于思辩哲学对于实践无用的那种流行说法。对于亚历山大，亚里士多德不采用近代一般的浅薄的教育王子的方法来教育他，关于这一点，只要看看亚里士多德的诚恳认真，就可以很自然地意识到：亚里士多德是知道什么是真理，什么是真的文化教养的。”

公元前 343 年，亚里士多德应马其顿国王腓力二世之聘，担任了时年 13 岁的马其顿王子亚历山大的教师。

亚里士多德运用自己的影响力，对亚历山大大帝的思想形成起了重要的作用。正是在亚里士多德的影响下，亚历山大大帝对科学事业始终很关心，对知识也十分尊重。

但是这种师生情并没有一直维持下去。亚里士多德的亲戚加里斯芬被控参与了阴谋活动，被亚历山大处死，从此二人关系恶化。亚里士多德以真诚待人，关心学问，不喜欢政治斗争，但最终还是被卷入了阴谋的旋涡中。所幸的是，亚历山大大帝并没有报复亚里士多德。其实，两个人的分道扬镳本来也是不可避免的。一位是追求

亚里士多德像

真理的哲人，一位是野心勃勃的君主，性格以及追求的不同已经注定了分离的结果。

多方面的学术成就

亚里士多德的研究涉及他所处时代的一切领域，并且几乎在每个领域都有独到的见解和成就。他是许多学科的创始人，为后人留下大量的、内容丰富的科学著作，对人类文化进步和科学发展做出了杰出贡献。

虽然亚里士多德的天才表现在相当广博的领域中，但使他素负盛名的还是由于他在哲学上的突出贡献。亚里士多德第一次明确规定了哲学的对象。在《形而上学》第4卷中，他说有一门科学专门研究“作为存在的存在”。“作为存在的存在”即指一般的普遍的存在，是存在自身，而一切存在的中心点就是“本体”。在《形而上学》第6卷中他还指出哲学的对象是“不动的、可以分离的本体”，这就是通常所谓的“神学”。这样，亚里士多德就认为哲学研究有两个分支：一是以研究独立的、不动的存在为对象，即神学；二是以“作为存在的存在”为对象。这两个分支是可以等同的，因为神学是首要的、普遍的。总之，亚里士多德的意思是说哲学所研究的乃是其他科学当做出发点的终极本体，是集一切经验科学知识的全体。从巴门尼德的“存在”到亚里士多德的“作为存在的存在”，哲学终于确立了自己的专门领域，亚里士多德功不可没。

在生物学方面，亚里士多德经过多年的观察研究，著有《解剖》和《动物志》两本书。《解剖》已经失传了，《动物志》仍流传至今。《动物志》详细地讨论了动物的内在和外在部分——血液、骨骼、头毛、各种繁殖方式、饮食、习性、特征等；研究了野牛、绵羊、山羊、鹿、猪、狮子、鬣狗、象、骆驼、老鼠、骡子；描述了燕子、鸽子、鹌鹑、啄木鸟、鹰、乌鸦、画眉、布谷鸟、乌龟、蜥蜴、鳄鱼、毒蛇、海豚、鲸鱼及许多种类的昆虫。而关于海生动物（鱼）、甲壳动物、头足纲动物、有介壳的根足虫类的资料也很丰富。而且，从人到乳酪中的蛆，从欧洲的野牛到地中海的牡蛎，都研究到了。总之，希腊人所知道的每

亚里士多德在生物学方面也有着十分重要的贡献，对后世生物学的发展有着深远的影响。图为正在观察研究的亚里士多德。

一种动物都被注意到了，大多数种类都给予了详细的描述。对于某些种类，亚里士多德说明得细致、恰当、精确，达到了让人吃惊的地步。

虽然亚里士多德所研究的物理学和现代物理学是大不相同的，但他的研究却对现代物理学的发展有着重要的影响。自然科学的对象是由运动和变化着的事物所构成的。亚里士多德的前辈们对变化现象的解释都不太清楚，如赫拉克利特认为变化是真实世界永恒的本质的属性；巴门尼德认为存在不能从非存在中产生，否定各种变化的可能性；柏拉图提出日常变化着的世界不可能成为科学知识的对象，理念这种不动的永恒物体是具体事物的动因。

亚里士多德是形式逻辑学的奠基人，他力图把思维形式和存在联系起来。

生物学史的各个方面几乎都得从亚里士多德开始。他是将生物学分门别类的第一个人，并为之写出了专门著作。

亚里士多德在前人认识的基础上，根据观察与研究，从事物的组合上来解释运动问题。亚里士多德认为，运动变化有三个基本的组成部分。一是基质，“在各种情况的变化里都必定有一个东西在做变化的基础，即变化者。”它贯穿整个变化过程。二是缺失，即在变化之前与基质相结合，而变化后则不再存在的东西。三是形式，它与缺失相对立，即变化前不存在而变化后与基质相结合的东西。所谓变化，即是基质失去原来的形式而获得一个新的形式。

亚里士多德的运动观，有正确的一面，也有不正确的地方。正确的一面是，他认为运动不能离开物质，“没有什么在事物之外的运动。”亚里士多德运动观错误的一面是不理解事物运动是自己运动的道理。在他看来，运动是由一物到另一物，把运动和物质割裂开来，认为事物有时运动，有时不运动。由于他不懂得运动是事物自己的运动，运动的根本原因在于事物本身的矛盾，因此当他回答“事物为什么会有运动”这个问题时，就错误地认为在事物之外有一种推动事物运动的东西，一物推一物，最后出现“第一推动力”，成为事物运动的总动力、总原因。尽管他有错误认识的一面，但他终究是西方科学史上第一个对运动进行分类的科学家。

亚里士多德在伦理学上也有开创性的成就。亚里士多德有多部关于伦理学的著作，最著名的有：《优代莫伦理学》《大伦理学》《尼各马科伦理学》。其中，《尼各马科伦理学》最具代表性，是一部思想完整，结构严密，系统的、成熟的伦理学著作，他的伦理学思想都包含在其中。

作为一位伟大的、百科全书式的科学家，亚里士多德对世界的贡献无人可比。但他的成就远不止于此。他还是一位真正的哲学家，几乎对哲学的每个学科都作出了贡献。

《尼各马科伦理学》是第一部系统探讨伦理问题的著作，尽管它在某些方面沿着由苏格拉底开始、经柏拉图系统化的理性道路前进，但从体系上看，它与柏拉图的伦理学说有很大不同。柏拉图的基本思想是用超越时空的永恒不变的理念来说明伦理问题，因而他轻视感情，崇尚理性；亚里士多德反过来思考问题，他坚信感官知觉构成了一切知识的真实、必然的基础，“个别”先于“一般”（理念）而存在，“一般”存在于“个别”之中，“一般”不能离开“个别”而独立存在。“实在”并不是由超越的理念组成的，而是由各种现象组成的，人的理智只不过是应用于它而已。他认为，现实世界完全是真实的，人生价值的基本原则存在于我们日常的生活中，而不存在于它之外。“善”的生活就是这个世界上人的生活，与苏格拉底和柏拉图不同，他不谈来世的报偿与惩罚。这样，他建立了一个从人的本性及需要出发的伦理学体系。

除了这几方面外，亚里士多德还在天文学、文学、逻辑学、心理学等很多方面都有研究，建立了一个百科全书式的思想体系。他的生物学直到 19 世纪才被改变形式；他的逻辑学流传至今；他的形而上学使他戴上了“哲学家之王”的桂冠；近代欧洲哲学无论是经验派还是理性派，直到康德和黑格尔，也都各自从亚里士多德的哲学中吸取了对他们有用的东西。

大事年表

公元前 384 年	亚里士多德诞生。
公元前 367 年	拜柏拉图为师。
公元前 347 年	柏拉图去世。此后,亚里士多德开始游历生涯。
公元前 344 年	离开小亚细亚,和家人一起到了米提利尼。
公元前 343 年	成为亚历山大大帝的老师。
公元前 335 年	亚里士多德回到雅典,建立自己的学校。
公元前 323 年	亚历山大大帝暴病而死,希腊人反抗马其顿,并把矛头指向了亚里士多德,亚里士多德逃离雅典。
公元前 322 年	亚里士多德染病去世。

伏尔泰

Voltaire

有人说，中世纪是上帝的时代，17 世纪是君主的时代，而 18 世纪则是伏尔泰的时代。伏尔泰在 80 多年漫长的人生道路中，取得了辉煌成就，获得了崇高的荣誉。但是，他也经受过无数次痛苦的磨难。他始终不懈地为争得生活与精神的自由、正义和法律而呼唤。正如维克多·雨果所说的那样：“伏尔泰的名字所代表的不只是一个人，而是整整一个时代。”

少年时代

1694 年的一天，弗朗索瓦·阿鲁埃家又诞生了一个男孩。这个男孩非常孱弱，护士们都说："他最多只能活 4 天。"然而在之后的岁月里，他却整整存在了 84 年。不仅如此，他还将在法国乃至世界掀起思想变革的风暴，这个非同寻常的男孩就是伏尔泰。

大路易中学位于巴黎著名的先贤祠附近，至今已有四百多年的悠久历史。它以高超的教学水平和学生的出色成绩而闻名于世，伏尔泰就曾在此接受教育。

伏尔泰的真名叫弗朗索瓦·玛丽·阿鲁埃，他的父亲是一个中产者，母亲却具有贵族血统。伏尔泰虽然身体瘦弱，但却非常聪明，3 岁时就能背诵拉·封丹的寓言。到伏尔泰 10 岁时，家人便把他送进一所教会办的贵族学校——大路易中学。学校里等级分明，贵族住着单间，还有仆人服侍，而像伏尔泰这样资产阶级出身的人只能住集体宿舍。这样赤裸裸的不平等让伏尔泰非常不满，这也在他心里埋下了渴望人人平等的种子。

当时的学校教育非常落后，只教授一些无用的拉丁文之类的功课，伏尔泰十分厌烦。尽管如此，他仍然在学校显露出了非凡的才华。伏尔泰所创作的一些作品，经常被老师们称赞。除了学习以外，伏尔泰叛逆的个性也逐渐显露出来。有一次伏尔泰在课堂上公开讽刺落后的教育，让神父大发雷霆，神父揪着他的领子说："你总有一天会成为自然神论的宣传者。"

因为老阿鲁埃一直希望伏尔泰将来能做一名法官，所以伏尔泰在中学毕业后就被送进了法科学校。但他的志向不在于此，所以他的父亲最后放弃了这一想法。19 岁时，伏尔泰便作为法国驻尼德兰大使的随员来到了海牙。

海牙是一座美丽的城市，在这里伏尔泰遇到了他的初恋情人——奥令波。奥令波的母亲因为宗教信仰的原因，不许女儿和伏尔泰来往。伏尔泰也因为这件事被逐回法国。

1714年初，伏尔泰开始在巴黎的一个律师事务所做见习律师。他并不喜欢这件工作，于是很快就溜掉了。之后，伏尔泰又开始和自己的贵族朋友来往，一起高谈阔论，生活散漫。老阿鲁埃看在眼里，急在心里。为了让儿子能浪子回头，他把伏尔泰送到德·赛恩侯爵那里去做秘书。这位侯爵阅历丰富，对路易十四的宫廷生活了如指掌。伏尔泰对于这些非常着迷，还把这些故事都记录了下来，这为他后来创作《路易十四年代》和《亨利亚特》打下了基础。

伏尔泰的《路易十四时代》目的不在于写路易十四个人，而在于写他那个时代，以及那个时代人类的精神文化所取得的进步。所以，书中着重描绘了那个时代人们的精神面貌和日臻完美的文化技艺。图为路易十四的肖像图。

路易十四的去世对于法国来说是一件大事，人们从专制的氛围中解放出来，许多攻击封建专制的作品不断涌现出来。伏尔泰也写了几首诗讽刺当时的摄政王和自己女儿之间的乱伦。这大大惹怒了摄政王，于是下令将伏尔泰流放到一个偏远小镇。由于父亲的活动，伏尔泰最终被流放到巴黎附近的苏里。

【一举成名】

回到巴黎后，伏尔泰的叛逆个性并没有改变，反而更进一步。他在一首诗中揭露了宫廷的腐败和混乱，其中又涉及了摄政王的丑事。摄政王怎能忍受？于是他对伏尔泰说：

“阿鲁埃先生，我打算让你看一件你从没见过的东西。”

“什么东西？”

“巴士底狱。”

不久，两个警察就在一天早上来到了伏尔泰的家中，把伏尔泰和他的仆人送进了巴士底狱。

巴士底狱原本是一座炮垒，后来成为监狱，这里主要

《俄狄浦斯王》中俄狄浦斯流浪到忒拜，被狮身人面兽斯芬克斯所困，他解开了斯芬克斯的谜题，解救了忒拜城。

关押着一些因抨击政府而获罪的政治犯。巴士底狱限制了伏尔泰的人身自由，却无法限制他活跃的思维。监狱里的生活还算不错，环境也比较幽静，这正好可以让伏尔泰静下心来构思自己的新作品，思考自由等问题。

刑满释放后，摄政王接见了伏尔泰。为了收买伏尔泰，摄政王给了他大量的金钱并殷勤地招待他，却被伏尔泰谢绝了。

按照惯例，凡是在巴士底狱坐过牢的人，出来之后都要被流放。伏尔泰一生中的第二次流放开始了。说是流放，不如说是度假。因为在苏里，伏尔泰住着朋友的豪华别墅，过着奢侈的生活，还愉快地谈着恋爱。

伏尔泰的父亲却不像他那样快活，他四处奔走，请求摄政王，终于让伏尔泰重返巴黎。对于伏尔泰来说，这是一次好机会。因为他在巴士底狱中完成的作品《俄狄浦斯王》终于可以公开演出了。

《俄狄浦斯王》本来是古希腊著名的悲剧，讲的是俄狄浦斯王在命运的安排下杀父娶母的悲剧。伏尔泰改编了这个悲剧，使之变得更有时代性。他借着剧情和人物表达了自己的政治观点，让俄狄浦斯喊道："残酷的神啊，我的罪恶都是你们造成的，你们却因为这些罪恶而惩罚我！"

《俄狄浦斯王》在巴黎公演后，获得了极大的成功。伏尔泰这个笔名也是这时才开始使用的。24岁的伏尔泰踌躇满志，又开始创作一部史诗《亨利亚特》。在创作期间，伏尔泰的父亲去世了。老阿鲁埃虽然以前对伏尔泰很不满，但始终关爱着他，而且在最后也原谅了伏尔泰。

除了失去父亲的悲哀之外，伏尔泰这些年的确非常快乐，他获得了名声、金钱以及仰慕他的众多美女。在纸醉金迷的包围下，伏尔泰度过了平庸的几年；但上天却不会让他一直这样下去的，一件偶然的事改变了他的命运。

一天，伏尔泰和女友去戏院看戏，却意外的遇到了一位骑士。这位骑士的家族非常显赫，他妒忌伏尔泰取得的成就，并且也正在追求伏尔泰的女友。两人发生了口角，闹得不欢而散。几天后，伏尔泰正在苏里公爵家吃饭，被那位骑士的仆人骗出去暴打一顿。回到屋里后，苏里公爵和那些朋友不但拒绝陪伏尔泰去警察署，反而一起嘲笑他。

伏尔泰非常恼怒，没想到更糟糕的事还在后面。由于警察局长是那位骑士的表弟，所以伏尔泰又被投入了巴士底狱。出狱后，伏尔泰请求到英国去，大臣们同意了。

这件事虽然让伏尔泰很不愉快，但却把他从堕落的生活中拯救出来，也让他认清了那些所谓的贵族朋友的虚伪。

伏尔泰在英国流亡期间是他人生的一个新时期。他对当地的政治、社会、宗教、科学等状况非常感兴趣。

【流亡英国】

伦敦街道熙熙攘攘，商业繁荣，经济发达，拿着伞或拄着文明棍的绅士挽着优雅的太太在街上或公园里散步。美丽的英国给伏尔泰留下了美好的印象。而且当时的英国已经确立了君主立宪的资本主义制度，生机勃勃，欣欣向荣。伏尔泰感到非常振奋，觉得自由多了。

流亡英国的伏尔泰，住在一位仰慕他的商人福克纳的乡村别墅里。对于这位朋友的无私帮助，伏尔泰一直心存感激，1733 年，他曾将自己写成的悲剧《查伊尔》题赠给福克纳。

伏尔泰在英国期间，结识了不少名人。他除会见了诗人蒲伯，著名讽刺小说家斯威夫特，著名剧作家康格里夫之外，还拜访了诗人汤姆森、杨格和剧作家盖伊等人。他潜心钻研英国文学，并把那些杰出的作品介绍给自己的同胞。他是第一个把莎士比亚介绍给法国人的作家，尽管他对莎士比亚的剧作有些看法。他一直主张文学才能高于高贵的出身，而他也终于在英国看到理想的实现。

1727 年 3 月，伏尔泰参加了著名科学家牛顿的葬礼，他的遗骸被安葬在神圣的西敏寺内，首相和大臣们为他送行。伏尔泰对这位科学家受到的厚遇

莎士比亚创作的《哈姆雷特》，图为第四幕的绘图，奥菲丽亚发疯后即将在河里溺毙的情景。

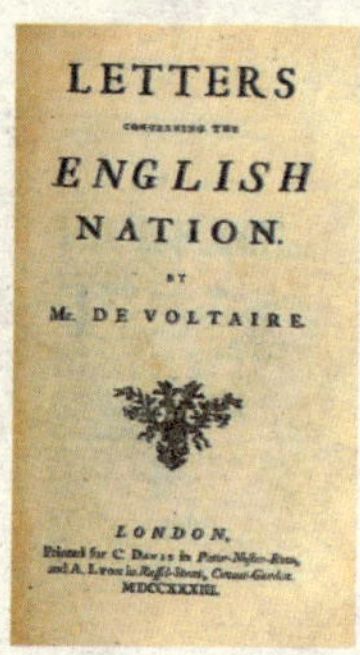

1734 年，伏尔泰正式发表了《哲学通信》，宣扬英国资产阶级革命后的成就，抨击法国的专制政体。

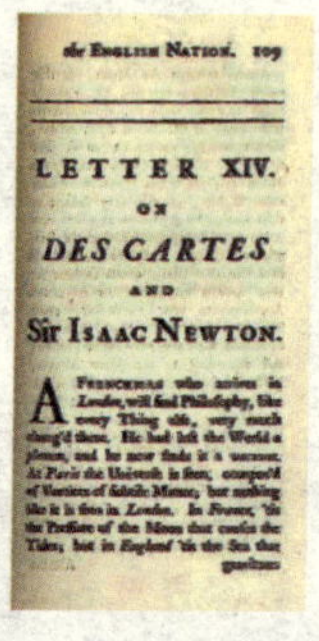

《哲学通信》是伏尔泰在英国的观感和心得的总结，也是他第一部哲学和政治学的专著。书中内容十分丰富，涉及到多个方面。

非常感慨，他曾在后来发表的《哲学通信》中说："牛顿先生在世的时候曾经受到尊崇，死后也得到了他应有的荣誉。"

在英国时，伏尔泰还亲眼看到了英国当时最著名的女演员奥尔菲尔德小姐的葬礼。这位女演员得到了与牛顿一样的崇高礼遇；而伏尔泰以前的女友勒库弗勒小姐也是一位著名演员，由于法国人歧视演员，所以她死后只能葬在荒野中。伏尔泰对这位艺术家死后所遭受的不公正待遇感到震惊，送葬之后他奋笔疾书，写了一首挽歌《勒库弗勒小姐之死》。在这首著名的挽歌里，伏尔泰热情地歌颂了英国对于文人的尊重。

在英国生活的时间越来越长，交往的范围越来越广，伏尔泰对英国的认识也越来越深刻。在亲眼目睹了一次残暴的招募后，他怀着痛苦的心情发出感叹："大地上完全没有自由，在英国有权有势的投机商和骗子占了统治地位。"

在英国，伏尔泰研究了唯物主义哲学，熟悉了英国科学的成就。特别是唯物主义哲学家和自然科学家牛顿的著作，给他产生了深远的影响。他非常佩服洛克头脑的明智，逻辑的严谨，他向法国同胞介绍洛克如何反对天赋观念，承认人的一切认识都来源于感觉和经验的唯物主义思想。

把洛克和牛顿的学说加以通俗化解释，这是伏尔泰完成的一项重要的工作。由于牛顿的万有引力学说和光学原理深奥难懂，伏尔泰用最通俗、最浅显的语言，向法国人解释牛顿学说，使大家听懂牛顿的话。这样，牛顿的大名才得以传遍整个法国。

转眼过了三年，英国在伏尔泰心中留下了许多深刻的印象，为了向自己的同胞介绍他在英国的所见所闻，他于 1728 年开始动笔创作《哲学通信》，回到法国后最后定稿。1733 年，洛克曼根据手稿译成英文首先在伦敦出版，当时书名为《英国通信》。

这是一部以书信体形式写成的著名哲学通信集，也是 18 世纪法国思想界接受英国影响的滥觞。全书由 25 封信组成，内容丰富，涉及宗教、政治、商业、人文学者、科学家等方面。

伏尔泰认为人一生下来就应当是自由的，在法律面前应当人人平等，他主张在法国建立一个在"哲学家"引导下，依靠资产阶级力量的开明君主制，国内有言论出版自由等。他反对天主教会，激烈谴责教士的贪婪腐败和愚民的说教，他称天主教教主为“恶棍”，称教皇为“两足禽兽”，号召人民粉碎教会这个邪恶势力。此书一出版，就被法国政府判为禁书，并当众烧毁。

夏特莱侯爵夫人1733年与伏尔泰恋爱，两人在学术思想上也很一致。她在与伏尔泰交往的15年中，对伏尔泰的文学创作有巨大的影响。

【西雷岁月】

多年来的动荡给伏尔泰带来了无尽的烦恼，又为他赢得了极大声誉。在风流浪漫的巴黎，伏尔泰成了贵夫人小姐们崇拜的偶像。1733年，伏尔泰认识了一位女子，这就是后来对他影响极大的夏特莱侯爵夫人爱米莉。她精通物理、数学、化学、天文学，懂英文、意大利文和拉丁文。她还翻译过维吉尔的史诗，撰写过关于莱布尼兹哲学和牛顿微积分的论文。

当时的伏尔泰正一步步陷入困境，巴黎高等法院把《哲学通信》列为禁书，并以违反宗教、有伤风化、不敬权威为理由，将查缴到的所有书堆在王宫前面的大石梯下，一把大火将其焚毁。

正当伏尔泰面临被逮捕的时刻，勇敢的爱米莉向他伸出了援助之手。后来，他们一起来到外省的西雷庄园避难。伏尔泰和爱米莉像夫妻一样生活在一起。白天他们分别到自己的房间，一个沉吟赋诗，一个求解论证；一个潜心写作，一个专心做自己的实验。大厅里到处都堆放着科学仪器。晚饭后，他们在一起喝咖啡，交流一下各自的工作进程，然后又分头钻进自己的工作室，直到深夜才相聚到一起。

18世纪的法国，古典主义的思想还在人们头脑中根深蒂固，不但文化上的尚古主义盛行，生活上的尚古主义也蔚然成风。伏尔泰倾向文化上的尚古主义，而反对生活上的尚古主义，他毫不讳言自己喜欢奢侈的生活。

1736年7月，伏尔泰突然收到了一封邻国王子的来信，信中表达了对伏尔泰的仰慕之情。这位普鲁士王子就是后来大名鼎鼎的腓特烈大帝。伏尔泰感到与这位未来的国王发展友谊有利于自己在与法国当局打交道时抬高自己

腓特烈大帝对伏尔泰的仰慕让伏尔泰觉得自己的仕途会顺利。

莫尔维茨会战是奥地利王位继承战的一部分。会战以普军胜利而告终。

的声望和地位。而且，当时的伏尔泰正处在《哲学通信》和《奥尔良少女》所引起的麻烦中，因而更急于得到邻国王子的友谊和支持，以期得到庇护。于是，他立即给腓特烈回信，对王子也进行了赞扬。

腓特烈继承王位后，承继父王热衷于开疆拓土的衣钵，抓紧操练军队，积极准备侵略扩张。腓特烈二世深受法国18世纪思想家的影响，对这些新思想非常欢迎，而对这场运动的中心人物伏尔泰更是崇敬有加，后来他连连给伏尔泰写信，盛情邀请他来普鲁士居住，指导普鲁士文化艺术的建设和发展。

1741年，普鲁士国王腓特烈出兵侵占奥地利的西里西亚后，为了换得合法的永久占领权，他废除了与法国的联盟。此时，英法之间的争执也逐步升级，法国对此深感不安。1742年底，法国首相弗勒里红衣主教紧急召见伏尔泰，希望他利用与普鲁士国王的友好关系，迅速前往柏林斡旋。伏尔泰对法国当局并没有多少好感，但是他也为法国的危机担忧，他接受了首相的派遣，充当一名民间大使匆匆前往普鲁士。

CANDIDE,

OU

L'OPTIMISME,

TRADUIT DE L'ALLEMAND

DE

MR. LE DOCTEUR RALPH.

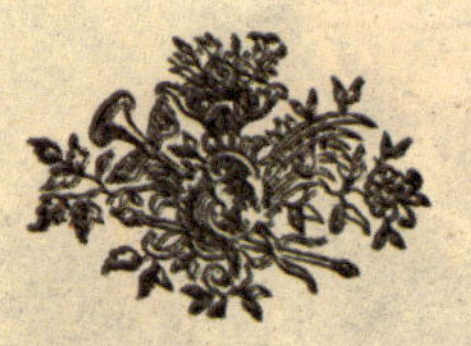

MDCCLIX.

伏尔泰的小说《老实人》以它讽刺的语调，以及怪诞而紧凑的故事情节闻名。

但这次普鲁士之行并没有给伏尔泰带来快乐，相反，他对普鲁士国王的狡诈感到非常气愤。回国后，伏尔泰取悦王室，终于得到了向往已久的荣誉。但一件偶然的事又让他和爱米莉不得不到处避难。他住进了一位公爵夫人的府上寻求庇护，在这里完成了几部著作：《如此世界：巴蒲克所见的幻象》、《查第格》（或《命运》）《门农》《米克洛米加斯》。

《如此世界：巴蒲克所见的幻象》是伏尔泰的第一部哲理小说。这是一个神话式的故事，影射了法国一连串的对外战争。它揭示了上流社会男女关系混乱、卖官鬻爵、教派纷争、社会风气污浊、舆论欺善怕恶、尔虞我诈等丑恶现象。小说主人公巴蒲克认识到祭司可恶，赞扬新兴资产阶级子弟，提倡由贤明政府、开明君主领导国家。这些思想正是伏尔泰早期的政治主张。这是一部以文学体裁评点政治的著作。

《查第格》完成于1747年。在这一小说中，伏尔泰所采用的仍然是托古讽今的手法，他揭露法国社会的黑暗和

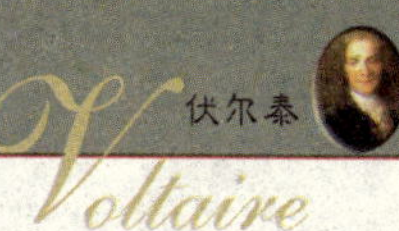

腐败，抨击宗教狂热，宣传宗教宽容和自然神论的思想，抒发了自己向往开明君主制的理想。

但好景不长，伏尔泰因为擅作主张而得罪了公爵夫人，又因为给国王情妇写的赞美诗而得罪了王后，他们在巴黎再也呆不下去了，只能重返西雷。

在西雷的生活相对来说是比较悠闲快乐的，但之后发生的一件悲剧使得伏尔泰再也不愿在西雷居住。1749 年 9 月，伏尔泰的红颜知己爱米莉突然去世。一辈子受过无数磨难和打击的伏尔泰还从来没有这样悲恸过，他恍恍惚惚地离开城堡，跑到郊外，跌跌撞撞地倒在了路边。第二天，他把自己紧紧地关在房里，悲切地给朋友写信，连续几晚他不能入睡，凄凉地呼唤着他心爱的人的名字。他告诉德尼夫人，“我失去的不是一个情人。我失去了半个自己；失去了构成我的灵魂的那个灵魂，失去了 20 年的朋友。”

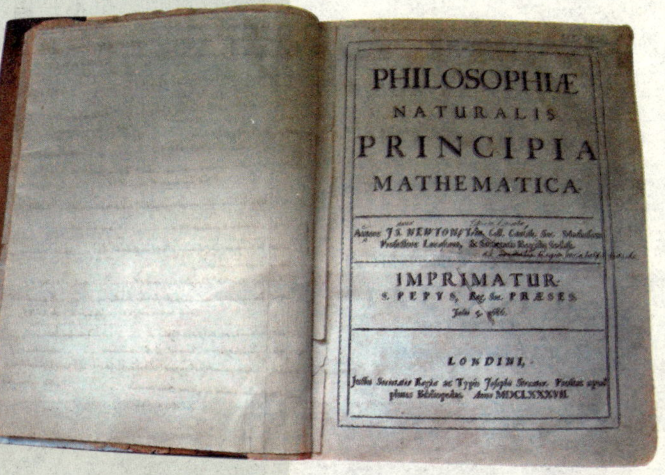

伏尔泰与爱米莉夫人除了哲学上的讨论以外，他们在自己设立的物理实验室做实验，还一起研读牛顿的《自然哲学的数学原理》。而爱米莉夫人也是最早把《自然哲学的数学原理》从拉丁文翻译成法文的人。

爱米莉对伏尔泰的影响是巨大的。在她的影响和帮助下，伏尔泰研究的领域空前广大，创作的激情奔涌不息，在他们共同生活期间，伏尔泰完成的著作要远远超过其他时期。爱米莉勤奋、刻苦，钻研问题锲而不舍，这些都时刻鞭策、鼓励着伏尔泰埋头写作，笔耕不止。爱米莉利用自己的出身和社会地位，一次又一次地帮助他摆脱困境，使他转危为安。伏尔泰痛苦地失去了一位志同道合的伴侣，失去了患难与共的朋友。

失去爱米莉之后，伏尔泰不愿再住在西雷，他准备回到巴黎。

与普鲁士国王的决裂

1749 年 10 月初，伏尔泰从吕内维尔来到了巴黎。由于生活无人照料，1750 年 1 月，他的外甥女德尼夫人和他住在了一起。这时，普鲁士国王腓特烈又开始殷勤地邀

请伏尔泰到普鲁士供职，他保证把整个夏天的时间都用于陪伏尔泰和学习上。这位国王清楚，一再阻碍伏尔泰和自己交往的爱米莉已不在人世了，把伏尔泰据为己有的机会真正来了。果然，3月中旬，伏尔泰回信了，他表示接受普王的邀请，在夏季到来时赴波茨坦。

促使伏尔泰走进普鲁士王宫的主要动机，不是出于个人的自尊心，也不是追求荣华富贵，而是由于他天真地相信世界上可能存在着开明君主制的王国，他希望利用自己国王教师的身份，借助这位哲学家国王来推行为了本民族幸福而进行的重大社会改革。

1750年6月，伏尔泰要离开法国了。当他离别时，他最后一次拜见了路易十五。当伏尔泰走出宫廷之后，路易十五高兴地对他的大臣说，现在好了，普鲁士宫廷多了一个疯子，法国宫廷少了一个疯子。

腓特烈二世对伏尔泰的照顾很周到：伏尔泰在宫内用餐，国王的御厨听候他的吩咐；他出门旅行，可以骑国王

腓特烈二世是欧洲历史上最伟大的国王之一，而且在政治、经济、哲学、法律、甚至音乐诸多方面都颇有建树。在宫中经常宴请众人，伏尔泰也参与其中，这让他更加大力赞扬腓特烈二世。图为腓特烈二世在无忧宫演奏长笛。

的御马。伏尔泰从来还没有享受过这样高规格的礼遇，他在给法国朋友的信中，盛赞普王的礼贤下士、热情好客，痛斥那些打击迫害他的法国人。一时的兴奋又使他忘记了以前与腓特烈曾经有过的不愉快。

伏尔泰在腓特烈大帝的无忧宫。

普王还赐封伏尔泰为宫廷侍臣，并亲自把象征国王侍臣的金钥匙交到他的手中。在腓特烈看来，能邀请大名鼎鼎的伏尔泰为王朝的“上宾”，在舆论上对普鲁士宫廷是极为有利的。曾经与腓特烈有过几次交往的伏尔泰，此时并没有完全看清他的本质。在他的刻意吹捧中，伏尔泰又对他信赖起来，并知恩图报，积极为国王润饰文稿。他还殷勤称赞普鲁士王朝的生活是“柏拉图的筵会”，逐渐为这位国王争得了“开明君主”的美誉。

但伏尔泰个性太强，到这里不久便又开始品头论足，他也逐渐发现，自己在这里除了给这位国王修改一些拙劣的法文诗稿之外，并没有什么有价值的事情可做。国王的内政外交政策根本就不和他谈起，也从来不愿意别人过问。他试图将自己的政治理想寄托于这位开明君主来实现的愿望逐渐落空了。他还发现，腓特烈也并不像他自我标榜的那样是“国家第一仆人”，他不察民间疾苦，十分专制，一个人牢牢地控制着整个国家。伏尔泰对自己曾寄予很大希望的这位“开明君主”开始感到厌恶和失望。腓特烈对伏尔泰的看法也大大改变了，他逐渐认识到伏尔泰除了超人的哲学头脑和艺术天才外，还有深刻敏锐的社会洞察力，嬉笑怒骂，敢作敢为。这些使这位国王感到不安，由最初的敬重变为反感，尊贵的国王看不惯这位名人的傲慢习气，后来的一些事件更加深了他们之间的裂痕。

腓特烈二世设宴款待伏尔泰，他为这位皇帝的慷慨和热情感动不已。

有一天，腓特烈的御医悄悄告诉伏尔泰，当他某次与国王谈及伏尔泰时，国王冷淡地说：“我最多还需要一年，橘子汁挤干了，皮就

当腓特烈二世的真正面目显露出来时，在伏尔泰心中的美好形象便不复存在。

要扔掉。”伏尔泰如梦初醒，明白了自己名义上是王室的“上宾”，实际上只不过是国王的工具而已。

后来发生的几件事使伏尔泰认清了普王的真面目，1752年，伏尔泰和当时柏林科学院的主席莫佩尔蒂发生争论，于是就写了一篇小说《阿卡奇亚医生的诽谤》，讽刺莫佩尔蒂。莫佩尔蒂与腓特烈交往密切，因此这本书不可避免地涉及了普鲁士宫廷内幕，使腓特烈二世十分恼火，并把伏尔泰变相软禁起来。他知道，跟腓特烈公开决裂的时候到了。1753年元旦，他把象征宫廷侍臣的钥匙和授予的勋章退回给普鲁士国王。腓特烈害怕影响到自己开明君主的名声，不想让伏尔泰这样离开普鲁士，还和颜悦色地规劝伏尔泰回心转意；但伏尔泰心意已决，他要离开这个已使他生厌的国家。

在普鲁士的三年中，伏尔泰的政治理想无法实现，便把大量时间花在了对历史的研究上。当伏尔泰与腓特烈的关系闹僵之后，他就把全部精力投入到了在西雷隐居以前就已开始撰写的历史著作《路易十四时代》的写作。1751年上半年，伏尔泰经过20年艰苦撰写的巨著《路易十四时代》终于完稿，并在柏林首次出版。

《路易十四时代》突出体现了伏尔泰启蒙主义的历史观，在他以前，历史著作是以纪传体为主，几乎都是帝王将相的家谱罗列。伏尔泰认为应该把历史人物放在广阔的时代背景中来评述，记叙的重点应放在财政、贸易、宗教、哲学、文学、科学等方面，要把人类精神进步摆到应有的位置上。正是在这些观点的支配下，他把《路易十四时代》写成了一部划时代的历史著作，这本书接连在普鲁士、英格兰、荷兰和法国等地出版，产生了广泛而深远的影响。

伏尔泰在购房定居后就全身心地投入到火热的启蒙运动中。

【与卢梭的争辩】

1754年12月12日，伏尔泰和德尼夫人到达了日内瓦。日内瓦风光旖旎，交通便捷，政治气氛比法国和普鲁士都要稳定、宽松。伏尔泰买下了日内瓦城墙外不远的一所豪华住宅，取名为德利斯，意思是快乐山庄。

找到了理想的安身之地，伏尔泰的心情非常激动和喜悦，逃离普鲁士时带来的惊恐、孤寂、沮丧都已一扫而光。他为这里写下了一系列的颂诗，并立即结集以《伏尔泰关于1755年5月乔迁日内瓦湖畔的住宅献诗》为书名公开出版。

伏尔泰安家不久，便收到卢梭派人送来的《论人类不平等的起源和基础》一书。他以前曾拜读过卢梭的《论科学和艺术的复兴是否促进了风俗的淳化》一文。伏尔泰没有直接批评卢梭，但是他认为如果因为社会还存在某些弊端，就否定社会的发展与进步，就像人们因消化不良而不吃东西一样荒谬可笑。在18世纪的欧洲知识界，伏尔泰是坚定的反保守的人物，他不屈服于当时流行的原始主义或尚古主义，毫不含糊地坚持非自然状态的社会组织、科学进步以及艺术日趋精致优雅的原则，攻击广泛被人接受的自然状态的神话。

收到卢梭的赠书后，伏尔泰并没有对《论人类不平等

作为中国戏曲史上流传最广泛，最有国际影响的一出戏《赵氏孤儿》剧情曲折多变，矛盾冲突尖锐，人物性格鲜明。伏尔泰将其改编成为新剧本《中国孤儿》，其故事情节虽与《赵氏孤儿》有所不同，但基调大致一致。

《老实人》的插页生动地表现了故事情节。

伏尔泰的《老实人》，主题是批判盲目乐观主义哲学，这部小说是伏尔泰在不到3天的时间内完成的，可以说是一气呵成。小说充满了辛辣的讽刺，整本书诙谐幽默，故事机智有趣。

的起源和基础》发表评论，而是借机给卢梭回了一封信，反驳其在第戎征文中的原始主义观点。他说，他不喜欢像动物那样用四条腿走路或像印第安人那样生活，因为不开化的印第安人像文明的欧洲人一样邪恶；他半开玩笑地对卢梭说，文学所附着的蒺藜实际上是与地球上到处泛滥的罪恶相伴的花朵，大的罪恶是著名的无知之徒所犯下的。

卢梭在《论科学和艺术的复兴是否促进了风俗的淳化》中，曾以中国文明为例，证明他的“文明否定论”。他认为，中国古代科学和艺术都很发达，但文明未必是幸福，文明并不能矫正中国人的一些恶习，也不能使中国人免于遭异族征服的命运。

伏尔泰反对卢梭的“文明否定论”，他对中国的思想文化有着深挚的热爱，对中国的政治和教育思想也有比较深入的研究。他曾认真阅读过儒家的经典，认为儒家的学说符合人文主义的精神，孔子只诉诸道德，而不宣扬神迹，很值得西方人借鉴，他把中国的哲学和伦理道德作为宣扬启蒙运动的有力武器。

为了宣传中国的传统道德，反驳卢梭的主张，伏尔泰还完成了一部别具一格的悲剧《中国孤儿》。这出悲剧以中国的《赵氏孤儿》为蓝本，将故事发生的时代改变，并穿插了一些爱情元素，使之成为一部标准的古典主义悲剧。

1755年8月，《中国孤儿》在枫丹白露首次公演，获得了广泛的好评。伏尔泰虽然对中国的戏剧艺术理解不深，但是，他敢于大胆地把中国的历史故事搬上法国舞台，这在中法文化交流史上，无疑是前所未有的一个举动。剧本改编的成功，不仅给伏尔泰带来了极大的声誉，而且也直接激发了欧洲国家的知识分子对中国的思想文化、文学艺术的兴趣。

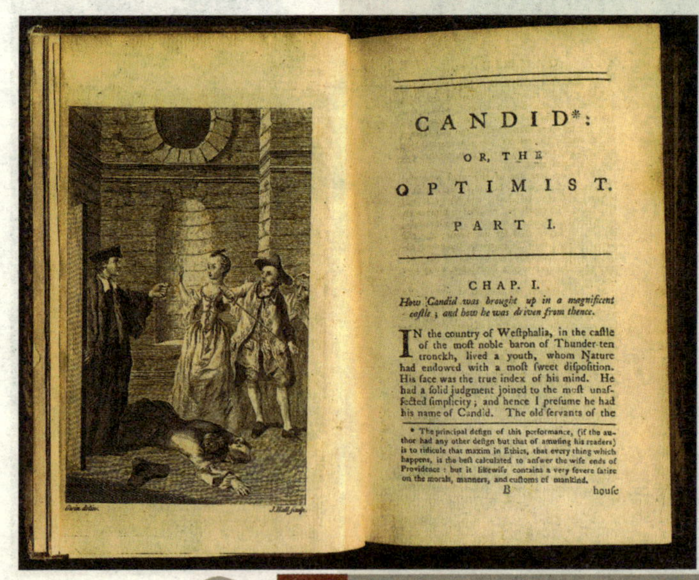

CANDID*:

OR, THE

OPTIMIST.

PART I.

CHAP. I.

How Candid was brought up in a magnificent castle; and how he was driven from thence.

IN the country of Weſtphalia, in the caſtle of the moſt noble baron of Thunder-ten tronckh, lived a youth, whom Nature had endowed with a moſt ſweet diſpoſition. His face was the true index of his mind. He had a ſolid judgment joined to the moſt unaffected ſimplicity; and hence I preſume he had his name of Candid. The old ſervants of the

* The principal deſign of this performance, (if the author had any other deſign but that of amuſing his readers) is to ridicule that maxim in Ethics, that every thing which happens, is the beſt calculated to anſwer the wiſe ends of Providence: but it likewiſe contains a very ſevere ſatire on the morals, manners, and cuſtoms of mankind.

B houſe

当时的欧洲，还盛行着一种盲目的乐观哲学，德国的莱布尼兹，英国的博林布洛克等人，都是“一切皆善”的哲学鼓吹者。他们认为恶是暂时的，善是永久的，现实中的一切都会走向更完美更崇高的和谐。这一哲学观的产生是有其深刻的社会基础的。17 世纪，欧洲的反封建斗争遭到挫折，随着君主专制统治的加强和唯理主义的盛行，资产阶级在政治上对封建王权的妥协越来越明显，鼓吹安于现状、知足常乐的盲目乐观主义哲学也就应运而生。它成了束缚人们头脑的一种新的精神枷锁，严重阻碍了反封建斗争的深入发展。针对这一现状，伏尔泰觉得非常有必要戳穿“先天和谐论”的画皮，提醒人们时刻保持清醒的头脑。他决定采用自己最得心应手的斗争工具——讽刺小说来批驳这一为旧制度辩护的哲学，并趁机宣传启蒙思想。伏尔泰在《老实人》中，通过对老实人、居内贡、邦葛罗斯等人所经历的苦难的描绘，深刻揭露了欧洲封建社会和教会制度的黑暗腐朽，无情地嘲笑了乐观主义哲学的盲目性和虚伪性，同时也批判了这种哲学给人们的精神所造成的伤害。伏尔泰在小说中还刻画了一位悲观主义哲学的代表人物玛丁，他坚持“人类只是在焦灼不安和无聊昏睡中生活一世”的悲观论调，坚信灾难、卑鄙行为和无聊之事主导岁月，这也是伏尔泰所不赞成的消极处世哲学，他主张启迪人们的智慧，正视现实，积极谋求新的变革。小说的最后一句话是“种咱们的园地要紧。”这句名言，构成了伏尔泰全部哲学思想的真谛，它说明，人类社会并不美好，要改变现状，不能坐等天赐恩泽，一切都得从自己脚踏实地地努力工作开始。

《老实人》是伏尔泰最为著名的哲理小说之一，整本书充满着讽刺幽默以及对人世无尽的关怀。

卡拉的恩人

1762 年 3 月中旬，也就是约在伏尔泰公开发表反对基督教的第一部著作《五十个说教》两个星期之后，一位法国人告诉了伏尔泰最近发生在图卢兹的一件骇人听闻的宗教迫害案。正是这一事件，使他开始勇敢地与教会势力直接对抗，也使他走到了斗争的第一线。

在图卢兹有一位叫卡拉的商人，他是胡格诺教徒，为人和善，待人宽容，老实朴素。他的大儿子马克·安东尼·卡拉 29 岁了，一直性格抑郁、落落寡欢，总有怀才不遇的感觉。1761 年 10 月 13 日，一位朋友前来拜访。卡拉夫妇热

伏尔泰在自己的庄园内，先后收留过百户难民。他还多次打抱不平，替穷苦人伸张正义，平反冤案。

伏尔泰侧身像

情招待儿子的朋友，并留他一起吃晚饭。谁料饭后却发现，马克·安东尼自杀了。

闻讯赶来看热闹的邻居们挤满了他的店铺，这时，有些狂热的天主教徒乘机造谣中伤，煽动不明真相的群众。他们诬蔑说，马克·安东尼肯定是被他的亲生父母杀死的，因为他最近改信了天主教，明天就要声明脱离胡格诺教，而按照胡格诺教的传统，做家长的是宁愿置儿子于死地，也不允许他改教的。他们立即请来警察，逮捕了卡拉一家和拉瓦依斯。

其实，胡格诺教从来就没有禁止改教的规定。狂热的天主教分子的指控完全是莫须有。了解卡拉一家的人都向当局证明，约翰·卡拉是一个仁慈、宽厚的父亲，对子女的宗教信仰并不加以干涉，他的大儿子，不久以前因受女仆让娜的劝说，而改信天主教，卡拉并没有责怪他，甚至连这个女仆也没有更换。让娜也极力为她的胡格诺教的主人辩护，她说，一个60多岁的老人决不可能把一个体格健壮的青年人缢死，况且，在这所房子里还有她和拉瓦依斯两个天主教徒在场，他们不可能帮助主人杀死安东尼。

但是，蛮横的法庭却不顾事实真相，指控卡拉反对天主教会，判他车裂之刑，并逮捕了他的家人。1762年3月10日，卡拉被押往刑场。在即将与自己的亲人永别之际，他不停地大喊“我是无辜的”。残忍的刽子手用铁棒打断了这位老人的臂骨、腿骨和肋骨，然后把他绑在车轮上让他慢慢死去，最后再在大庭广众之下焚尸。

当伏尔泰听完这一宗教迫害事件的介绍之后，十分震惊。这是他一生中听到的最令人发指的事件，不论是图卢兹法院的判决，还是卡拉有罪，祸根都是宗教狂热。他一生中写过不少揭露宗教狂热危害的悲剧剧本，但没有一个剧本比这个现实的悲剧更令人毛骨悚然。他决心要弄清事实真相，以伸张正义。

伏尔泰积极为卡拉的平反昭雪而四处奔走。他给许多有名望、有地位的朋友写信，表面上是希望他们提供消息，实际上是想明确表白自己的态度，对他们施加影响，谋求他们对卡拉一家的支持。他还组织了一个辩护委员会，包括巴黎高等法院最有名的律师在内的15位律师都表示愿意为卡拉一案进行辩护，并分头取证，准备充分的材料。卡拉死后，他的女儿被关进了修道院，儿子流亡他乡，孤苦伶仃的卡拉夫人为了替丈夫伸冤只身前往巴黎，准备直接向国王申诉。当伏尔泰了解到这一情况后，马上写信动员巴黎的朋友对其进行照顾和帮助。巴黎高等法院的律师马利埃特亲自代卡拉夫人写了正式的申诉书。卡拉夫人在巴黎得到了出乎她意料之外的同情和帮助。由于德高望重的伏尔泰奔走呼号，卡拉夫人还得到法国各界人士和欧洲许多国家有识之士的同情和支持，甚至普鲁士国王腓特烈二世、俄国女皇叶卡捷琳娜二世也为之声援。卡拉一案轰动了整个欧洲。

在伏尔泰和一些自由思想家的努力下，巴黎高等法院终于同意复审卡拉案件。1765年3月9日，即卡拉惨死三年之际，法国枢密院正式宣布为卡拉一家完全恢复名誉，国王路易十五赐给卡拉夫人3.6万金币作为抚恤金。

在卡拉一案沉冤得雪之时，许多法国人也因此受到了深刻的教育，人们走上街头，汇聚到广场，庆祝理性和社会正义的胜利。伏尔泰为被压迫者仗义执言的行为，在欧洲各国引起了强烈的反响，因而他也越来越受到人们的敬仰和尊重。人们亲切地称他为“卡拉的恩人”。

伏尔泰

【最后的岁月】

重回巴黎后，伏尔泰受到了人们热烈的欢迎。1778年2月25日，伏尔泰在指导法兰西喜剧院演员们排演《伊莱娜》时，由于奔波过度，开始吐血。然而，伏尔泰在巴黎医生的全力抢救下，终于转危为安，一个星期后就基本康复了。特罗香医生劝他尽快回到费尔内去，以避开巴黎的紧张生活，摆脱那些劳累的应酬；但是德尼夫人和维特莱侯爵都不这样想，他们一心只想利用伏尔泰崇高的声誉，使自己得到别人的尊敬，因而坚决不同意把这位八旬老人再送回费尔内。伏尔泰本人也陶醉在一片恭维声中，不肯听从特罗香医生的劝告，执意留在巴黎。

但是，巴黎频繁的社交应酬活动，终于使伏尔泰应接不暇了。身体虚弱的老人承受不了这样过分的劳累，不出特罗香医生所料，没过多久伏尔泰又病倒了。

这次，伏尔泰预感到自己不会久留人世了。为了对世人有所交待，他在病榻上写下了一首抒情诗——《与生命诀别》。在这首著名的短诗里，他回顾了自己一生的道路，发出了对教会仇敌的诅咒，为学究、宗教狂热者画了一幅绝妙的讽刺画，同时也表达了对自己身后命运的担忧。

伏尔泰虽然不能看到法国大革命的洪流，但是，他已经预见到了革命风暴必定来到。他在给友人的信中这样写道:“我所看见的一切，都在传播着革命的种子。革命的发生将不可避免，不过，我怕是没有福气看到它了。”伏尔泰真心地把法兰西的希望寄托在年轻一代的身上，他为法国启蒙运动的胜利，为法国人民的觉醒感到自豪。

没过多久，伏尔泰的病情再度恶化，高烧不退，而且经常神志不清，他的亲朋好友开始为他的后事做准备了。在伏尔泰生命垂危之际，教会人士企图按照基督教习俗强迫他进行忏悔并做临终仪式，但伏尔泰坚决予以拒绝。他的朋友们担心，因为伏尔泰最后都不肯与教会达成妥协，他死后教会肯定会拒绝让其遗体安葬到教堂墓地。

伏尔泰的灵柩被巴黎人民永久地摆放在先贤祠中，他也永远活在世界各国人民的心中。

5 月 30 日晚上七点多钟，巴黎高尔蒂埃和圣苏尔庇斯区两位神父一起来到了伏尔泰的病床边，他们是自己上门来为伏尔泰做临终忏悔的。虽然伏尔泰生前也曾因为现实的原因和神学妥协过，甚至晚年还在费尔内建造过一座小教堂，但是世界上的任何东西都不能强迫他和基督妥协。他是自然神论者，他相信世界是由神创造的，但是他始终怀疑耶稣基督的存在，并强烈反对由此引发的宗教狂热。当喋喋不休的神父不停地强迫伏尔泰承认基督的神性时，弥留之际的伏尔泰开始狂怒起来，他使出自己最后的力气，握紧拳头狠狠捶打着床边，声嘶力竭地呼喊着，谁也听不清他在说什么。然后，他在最后倒下去的时候，留下的一句话却让当时在场的人都听得很清楚："请永远不要向我谈到基督！"这句振聋发聩的话语，成了伏尔泰留给世人的最后嘱托。

当晚 11 点整，一代思想家伏尔泰终于闭上了双眼！一颗闪耀了 84 年的巨星终于从法兰西的天空上陨落。他的那些敌人果然没有放过他，教会宣布他为无神论者，政府和教会都不同意把他葬在巴黎。亲友们只得按照事先的计划秘密将其遗体运到香槟省，安葬到了塞里耶尔修道院，后被迁葬到先贤祠。

大事年表

1694 年　伏尔泰出生于法国巴黎。

1714 年　年初，伏尔泰在巴黎的一个律师事务所做见习律师。

1715 年　伏尔泰因写诗讽刺当时摄政王奥尔良公爵被流放到苏里。

1717 年　他因写讽刺诗影射宫廷的淫乱生活，被投入巴士底狱关押了11个月。

1718 年　年秋《俄狄浦斯王》在巴黎上演引起轰动，伏尔泰赢得了“法兰西最优秀诗人”的桂冠。

1726 年　伏尔泰遭贵族污辱并遭诬告，又一次被投入巴士底狱达一年。

1729 年　因得到法国国王路易十五的默许，伏尔泰回到法国。

1734 年　正式发表《哲学通信》。

1750 年　应普鲁士国王之邀前往柏林。

1751 年　上半年《路易十四时代》终于完稿，并在柏林首次出版。

1778 年　伏尔泰重回巴黎，并于同年逝世，享年 84 岁。

卢梭

Rousseau

他没有受过正规教育，却能通过自学成为知识界的巨子；他没有做过高官，却能精心地设计并描绘出治理国家的蓝图；他经常出入于上流社会，而且接受过一些达官贵人的恩惠，然而他却把矛头对准封建统治。这个具有传奇色彩的人就是卢梭。

卢梭在思想、文学等方面，都堪称“开始一个时代”的人物。他的《社会契约论》《论人类不平等的起源和基础》《新爱洛伊丝》《爱弥儿》等都是不朽的传世经典。虽然直到现在，人们对他的评价还是众说纷纭，但他留给我们的，仍是一个最真的人的形象。

【多难的少年】

图为一个纪念性的物件，上面刻着卢梭的父亲保持着指向窗户的姿势，底下刻着一行字："爱你的国家！"

让·雅克·卢梭于1712年6月28日生于日内瓦，是家里的第二个孩子。卢梭的母亲是贝纳尔牧师的女儿，她多才多艺。她擅长绘画、唱歌，还会弹琴、伴奏；她读过不少书，而且能写优美的诗。卢梭的父亲和母亲青梅竹马，感情一直很好。但是，卢梭的出生打破了他们的幸福。

在卢梭的母亲因产后失调而死后，他的父亲就一直沉浸在失去爱人的悲哀中。父亲觉得在卢梭的身上可以重新感觉到妻子的音容笑貌，同时也不能忘记是卢梭害得他失去了妻子。每当父亲拥抱卢梭时，卢梭就感到他的抚爱中夹杂着一种辛酸的遗恨。

在卢梭长到五六岁的时候，父亲便利用他母亲遗留下来的那些有趣的小说让他练习阅读。每天晚饭后，父亲都和他一起读，渐渐地两个人都着了迷。一本书到手，不一口气读完决不罢休，所以往往通宵达旦地读书。这样日复一日地阅读，使卢梭养成了读书的习惯，还迅速提高了阅读能力和理解能力。

由于这些书的感染和父子间的交谈，卢梭的爱自由、爱共和的思想便开始形成了；倔强高傲和不肯受束缚、受奴役的性格也开始形成了。有一天，他在吃饭时讲到罗马英雄西伏拉被敌人逮捕后，把他的手放在火盆上烧，他都一声不响。为表演英雄的行为，卢梭也把手放在火盆上，把在场的人都吓了一跳。

卢梭一生能取得那么多的成就和父亲的教育是分不开的。在小卢梭懂事时，知道自己是用母亲的生命换来的后，他那幼小的心灵就很悲伤。后来，在父亲的鼓励下，他广泛阅读书籍，从书中找到快乐。

一次意外的变故改变了卢梭童年的生活。他父亲跟一个叫高济埃的法国陆军上尉发生了一场纠纷，最后被迫离开日内瓦。他一走，孤苦无依的小卢梭只好跟着舅舅生活。他的舅舅在日内瓦防御工事中任职，有一个和卢梭同岁的儿子。舅舅希望他们读书，便将他俩一起送到包塞，寄宿在朗拜尔西埃牧师家学习。朗拜尔西埃先生对教学从不马虎，虽然要求严格，但也不给过多的作业，而且乡村新鲜的空气和田野上美丽的花草，使卢梭对大自然的美景产生了浓厚的兴趣。

对于这段生活，卢梭后来回忆说："所有温柔、亲

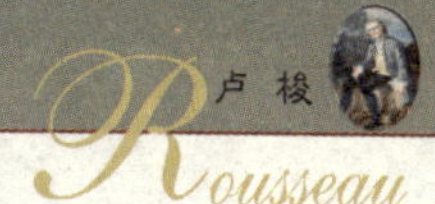

切、平和的感情，构成了这个生活方式的基调。”不过有一件事把这种基调给破坏了。有一天，卢梭正在厨房隔壁的一间屋子里读书，女仆把朗拜尔西埃小姐的几把梳子放在沙石板上烤干。在她来取的时候，发现一把梳子一边的齿都断了，因为当时就卢梭一个人在那里，她就质问卢梭，但卢梭却否认动过那把梳子。后来，朗拜尔西埃先生和朗拜尔西埃小姐一起来训问卢梭，卢梭却始终坚决否认。但他们认定是卢梭弄坏的，应该受罚。

一向腼腆、温顺的卢梭，这次却非常愤怒。因为他过去一直生活在公正、亲切的气氛中，可是现在恰恰受到了他所爱和所尊敬的人们的第一次不公正的对待，心灵上受到的创伤是可想而知的。

这个不幸的事件发生后，卢梭那自由自在、无忧无虑的欢畅童年似乎到此结束了。虽然他们又在包塞住了几个月，但已全没有了以前那种欢乐。他们开始隐瞒、反驳、说谎，别人讨厌他们，他们也讨厌别人。后来，舅舅只好把他们接回去了。

卢梭到了 13 岁时，家人经过再三考虑，最终却给他选择了一个最不称心的职业——把他送到本城法院书记官马斯隆那里，在他手下学习“承揽诉讼人”。依照舅舅的说法，那是一个很有用的职业，但卢梭对此讨厌透了，他整天像奴才一样听人驱使，马斯隆先生也很不满意卢梭，对他抱着轻蔑的态度，经常骂他懒惰、蠢笨，像一头驴。不久卢梭就被赶出了那家事务所。

几个月后他找了一份使用锉刀的工作，在雕刻家杜康曼手下学做一个零件镂刻师。他的师傅是一个蛮横无礼、脾气粗暴而又十分苛刻的人，在

卢梭在师傅家的生活非常不愉快，但这却使他恢复了放弃很久的读书习惯。这种兴趣受到当时环境的限制，不能顺利发展，但愈受限制，卢梭学习的兴趣反而愈浓。

16岁时，卢梭被迫离城出走。那时，他相信自己一定可以独立生活，希望自己将来能够自由地支配一切。

很短的时间里，就把卢梭儿童时代的天真全都磨光了。卢梭过去所学的拉丁文和罗马史全被抛在了脑后，自卑得再也不好意思见到朗拜尔西埃兄妹了。

师傅的暴虐专横，使卢梭对本来喜爱的工作感到苦不堪言，并使他染上了一些恶习。在那里，卢梭一天忙到晚，别人有玩有乐，而他却什么也享受不着。卢梭学会了贪婪、隐瞒、做假、撒谎，最后，还学会了偷东西。由于天性善良和不爱钱财的缘故，卢梭并没有发展成职业小偷，他甚至很快就觉得腻味了。

在对一切都感到厌倦的时候，卢梭又想到要从书本中寻找新的天地，他恢复了放弃已久的读书习惯。他经常一连几个小时沉醉在书里，师傅捉住就打他，并抢走了他的书。

这样的生活到他16岁时戛然而止。原因是每到星期天，卢梭和他的伙伴们相约一同到城外去玩。他只有在这个时候才能暂时忘掉种种烦恼，而在高兴的时候又常常忘记回城的时间。先后有两次被关在城外过夜，因此受到师傅的严厉处罚。谁知，可怕的第三次又来了。那天，卢梭和两个伙伴一同回城，离城还有半里，已经听见预备关城门的号声响了。卢梭拼命地往前跑，谁知守城卫兵却提前关了城门。他十分绝望地倒在了斜坡上。两个伙伴决定在野外过夜，而卢梭则决定再也不回师傅那里去了。第二天，卢梭就踏上了漂泊之路，开始了历时13年的流浪生活。

【漂泊的青年】

卢梭出走后，在日内瓦城郊流浪了几天，住在他熟悉的农人家里。一天，他拜访了德·彭维尔先生。这位热心的神父接待了他，并为他写了一封信，把他介绍给华伦夫人。

华伦夫人温柔美丽，和卢梭想象中的老妇模样大相径庭。她热情地接待了卢梭，并和他共进午餐。这时一个和他们一起吃饭的大胖子，为贪点小便宜，向华伦夫人提出了一个解决卢梭生计问题的办法。他劝卢梭到都灵去，说那里有一个教养院，卢梭在那里能找到一个适当的位置。

谁知在路上，大胖子夫妇要尽了手段，把华伦夫人给卢梭的钱都弄走了。一到都灵，卢梭就两手空空，钱和衣服都没了。为了换取衣食，他只好到教养院去接受宗教开导。在住了一个多月后，神职人员却没有给卢梭安排一个位置，反而把他赶了出去。

卢梭很快就把积攒的一点钱都花光了。幸好，他先前游览都灵时曾经住过的那家女房东把他介绍给维尔塞里斯伯爵夫人，为夫人服务。夫人得病后不久就去世了，但卢梭却在她家做了一件事，这件事使他终生后悔。

一天，卢梭偷了一条已经用旧了的银色和玫瑰色相间的小丝带，想把它送给一位叫马丽永的漂亮姑娘。结果带子被人发现了，有人问他是从哪里拿的，他立刻慌了神，说是马丽永给的。马丽永不仅善良诚实，而且温和质朴，人们很难相信是她偷的。当被叫来对质时，卢梭竟一口咬定是她给的。可怜的姑娘哭了，她只是对他说："唉！卢梭呀，我原以为你是个好人，你害得我好苦啊！我可不会像你这样。"谁是谁非一时无法判明，由于当时事情很多，没有时间进行深入了解，两人就一起被辞退了。

卢梭和华伦夫人曾经在这里居住，现为卢梭博物馆。华伦夫人是一位年轻的独身贵妇，既有妩媚的风姿又拥有过人的智慧。当年仅十七岁的卢梭住进她家后，就受到她无微不至的关心和照顾，令这位自小就失去母爱的年轻人感到无比的温暖和甜蜜，总是亲切地称她"妈妈"。

从此以后，卢梭没有一天不受到良心的谴责。这件事他从未向任何人提起过，这种沉重的负担一直压在他的良心上。当卢梭晚年写《忏悔录》时，他才把事情的整个经过和盘托出，以求能稍稍摆脱这种良心上的重负。但这件事也对卢梭的后来带来了一个好处，那就是他即使遭受不幸也能始终保持正直和诚实。

离开维尔塞里斯夫人家后的一天，夫人的侄子罗克伯爵派人来叫卢梭。伯爵赏识他的才干，给他找了一个工作，是到一个名门望族古丰伯爵家做事。卢梭在伯爵家里得到了每个人的重视，大家都把他看成是一个最有出息的青年。当人们正期待他能得到一个适当的位置，以便可以飞黄腾达的时候，卢梭却与一个叫巴克勒的小伙邂逅相识，中断了在古丰神父那里的学习和生活。

卢梭不仅是启蒙思想家，而且在启蒙运动中起到了导师的作用，他还在文学、哲学和教育学方面也取得了突出的成就。

由于巴克勒正要回日内瓦，卢梭也想一起前往做一次愉快的旅行。然而他们一起走了好长一段路、去了好多地方，并没有出现他想象中的那种奇遇。这一天，他们来到了安纳西城门口，巴克勒知道卢梭在这里有一位关系非同寻常的女友，在告别卢梭后就自己走了。从此卢梭再也没有听到他的消息。他与卢梭的结识和友谊总共不过6个星期，然而却影响了卢梭的一生。

卢梭来到安纳西后就想起了华伦夫人，其实他这次回来的目的也多半是为了华伦夫人。在这里，卢梭并没有放弃读书的嗜好。古丰神父曾教他读书不要贪多，而要多加思索，这使他获益匪浅。他有时在华伦夫人身边朗读，并一起谈论他所读过的书。

在华伦夫人家里住了一段时间之后，卢梭便又开始漂泊了。历经波折之后，他终于到了巴黎。然而巴黎这座城市留给他的第一印象并不好，满是垃圾的小路，丑陋污秽的房舍，到处是车夫、乞丐和沿街叫卖的女人。这使他即

使在后来看到了巴黎富丽堂皇的景致，也消除不了先入为主的印象。卢梭在巴黎的工作也不如意。他不禁感到绝望，又思念起华伦夫人来。他托人打听到她的一点消息后便离开巴黎，到里昂去找她。

回到华伦夫人身边后，卢梭非常高兴。这种稳定的生活环境，使卢梭的性格走向定型，他过去那些杂乱无章的教育也开始系统化。

在这期间，出于对文学的爱好，卢梭对法国的书籍、这些书的作者及作者的祖国都产生了深切的感情。他对法国的偏爱是那样的根深蒂固，甚至在他离开法兰西王国以后，政府、法官、作家联合在一起向他进行疯狂攻击时，对他诬蔑诽谤已成为一种风气的时候，他的这种感情也没有改变过，他仍不由自主地爱他们。

卢梭还结识了一些新朋友，如年轻绅士孔济埃先生。他是萨瓦的绅士，为了学习音乐而找到了卢梭。他们兴趣相投，成了莫逆之交。孔济埃先生在文学和哲学上颇有见地，当时伏尔泰和普鲁士王太子的通信正名噪一时。他们常常谈起这两位著名人物，还一篇不漏地把伏尔泰所发表的文章都读了。卢梭对伏尔泰的作品极感兴趣，这引发他要学习用优雅的风格写文章的愿望，于是他竭力模仿这位作家文章的绚丽色彩。伏尔泰的文章有力地吸引了卢梭去探求新知识，培育了在他头脑中开始滋生着的文学与哲学的萌芽。

正在这时，卢梭得了一场重病，在休养时，他不知疲倦地读书。这样读书对他来说是一种乐趣，使他不再考虑自己的那些疾病，痛苦也就因此而减轻了好多。这就是卢梭走上献身学问的独特之路。

一开始时他认为，要将一本书的内容融会贯通，就必须具有书中所涉及的一切知识。因此，每读一本书，就得查遍好几个图书馆，他终于感到事倍功半，转而采取相反的方法：先就某个知识门类单独加以研究，一个一个分别研究下去，直到它们在某一点上汇合起来，即在那里对各门知识进行综合。卢梭勤于思考，善于总结经验，这帮助他走上了正确的学习方向。他先对所有门类来一个初步了解，这可以试探一下自己的天资，也可以判断一下自己最适合研究哪门学问。

这种快乐的日子并没有持续多久，在非常不情愿的情况下，卢梭又一次离开了华伦夫人，奔向巴黎，去努力打拼。

卢梭对文学的痴迷达到了一种狂热的地步，他甚至不再顾及周围人们的攻击，而这却让后人对他的精神更加崇拜。图为关于卢梭的一幅雕版，表达了对这位伟人的纪念。

【而立之年】

1742年7月，卢梭带着他的乐谱方案来到了巴黎。这时他已经到了而立之年了，从现在起，他就要进入另一种生活了。

卢梭把他辛辛苦苦发明的数字记谱法拿到学士院去做评定，然而学士院的人并不懂音乐，只是敷衍了事。经过几个月的努力，卢梭把他论文式的记谱法改写成一部以公众为对象的作品，又托人找到了出版商，定名为《现代音乐论》出版了。但书的销路很差，他一文未得，还事先拿出了出版税。卢梭耗尽心血，指望名利双收的梦想破灭了。

一天，卢梭去看正在上演的鲁瓦耶的一部歌剧，萌生了自己创作歌剧的念头。他本是一个推崇别人的本领、对自己的才能缺乏信心的人，可他听了这部歌剧后，却认为它缺乏热情，毫无创意，甚至觉得自己完全可以创作出比它好的作品。

他决定独立创作一部歌剧，命名为《风流诗神》。卢梭满怀激情地投入到第一幕的创作中，也第一次尝到了作曲的快乐，但接下来发生的一件事又使他中断了这部歌剧的创作。

一个偶然的机会，卢梭认识了法国驻威尼斯的大使。大使让他做了秘书。卢梭兢兢业业，办事干练，深受大家的爱戴。但是，心胸狭窄又无能的大使却暗暗妒忌卢梭。最后，卢梭愤而辞去了秘书的职务，才又搞起歌剧创作来。为了避免干扰，他住进了地处僻静的圣康坦旅馆。在这里，他认识了将来与他相伴终生的戴莱斯。戴莱斯是一个多情又质朴的姑娘，她也认为卢梭是一个正直的人，不久他们就心心相印了。

几个月后，卢梭的歌剧终于完成了。不过，要把这部歌剧推向社会，并不那么容易。他费了九牛二虎之力，请当时的“权威”拉摩先生来鉴赏。可是，这位权威却认定不是科班出身的卢梭不可能作出好曲子。这时，卢梭又被另一项工作拉过去了，就是参加修改他过去十分崇拜的大作家伏尔泰创作的歌剧《纳瓦尔公主》，准备在凡尔赛宫开音乐会时演出。可是，这项工作完成之后，又有人从中作梗，说他的曲子还得修改，而且要请教先前和他过不去的那位权威。受到如此对待，卢梭气得七窍生烟，一下子病倒了，整整6个星期都出不了门。当歌剧演出时，音乐爱好者们都很满意卢梭谱写的部分。后来，卢梭得知他之所以遭到那位权威和他保护人的憎恨，是因为那个音乐圈子排斥外人。

为了摆脱困境，卢梭想出售剧本，但无人购买；他又设法排演，但又没有演出机会。卢梭只好放弃这方面的努力，转而给杜宾夫人和弗兰格耶先生做秘书，收入勉强维持一家人的生活。

在这一段生活中，卢梭又结识了一些后来影响他命运的人，其中有一位埃皮奈夫人和她的小姑子贝尔加尔德小姐（即以后的乌德托伯爵夫人），后者对卢梭进入文坛起了很大作用。他还和狄德罗、孔狄亚克保持着密切的联系，三人每星期都在王宫广场聚会一次，商定出一个期刊，定名为《笑骂者》，由卢梭和狄德罗执笔。为此他又认识了达朗贝，他们都在着手编《百科全书》，卢梭应约撰写音乐部分。后来《百科全书》工作因

卢梭像

狄德罗被捕入狱而中断，卢梭同情狄德罗的不幸遭遇，为营救他而四处奔走。

【一举成名】

1749年夏天，天气特别炎热，到监狱有好几里路，卢梭手头拮据，只能步行去看望狄德罗。他随身带着一本书，以便走累了时消遣一下。有一天，卢梭带了一本《法兰西信使》杂志，在路上他边走边读，突然看到第戎学院的有奖征文公告，征文题目是《科学和艺术的进步是否有利于敦风化俗》。一看到这个题目，卢梭头脑中那些经过长期孕育的富有生气的思想如潮水般地涌来，使他兴奋到了极点，以至于感到窒息，便倒在附近的一棵树下，在精神混乱的状态下度过了好一会儿，清醒之后才发现自己衣服的前襟已被泪水打湿了。

回去之后，卢梭就开始着手撰写征文。第一次写这样的论文，他颇费了一番周折。他的论文题为《论科学与艺术》。他从研究人类发展史着手，从人类的良知觉醒时期开始，分别叙述了东西方古老帝国及欧洲的兴起，论述了人类社会所经历的变化，从而得出了这样的结论：人生来就是平等的，自由的，自然是美好的，科学艺术的发展没有给人类带来好处，只是造成社会道德的堕落和种种罪恶。

卢梭的歌剧作品《乡村卜师》于1752年获得公演的机会。演出轰动一时，给卢梭带来了数不清的荣誉和收益。但卢梭为了保持自己的独立人格，拒绝了国王给予的年金。

写完之后，卢梭偷偷地把它寄了出去，并没有抱多大希望。1750年，卢梭在平静而美满的生活中已经淡忘了自己写的那篇应征论文，突然听说中了头奖，这使他简直有点不知所措了。科学院评论说，《论科学与艺术》论点新奇、论证有力、文笔优美，是一篇杰作。从此，卢梭的名声大振，他很快成为法国文坛上风靡一时的著名人物，这也是他一生中的重大转折点。他感到自己童年时代被灌输的那种英雄主义与道德观念的原始酵母开始起作用了，从而觉得做一个自由的有道德的人，无视财富与物欲而傲然自得，才是最伟大、最美好的。从此，他决定改变自己的生活方式，放弃对财富和荣誉的追求，而献身于思想的自由创造。

任何事物都有两面，卢梭成名之后，荣誉来了，一些妒忌和流言也随之而来。为了避开都市的喧嚣，卢梭接受了他的朋友、也是亲戚缪沙尔的建议，搬到了离巴黎不远

的一个叫做帕西的乡村，住在缪沙尔先生的家里。在缪沙尔先生的鼓励下，卢梭完成了歌剧《乡村卜师》。

1752 年 3 月 1 日，《乡村卜师》正式公演。游乐总管大臣居利先生看过后要拿到宫廷去演，并要卢梭到场。演出取得了极大成功。美妙的音乐和动人的情节使听众看得如痴如醉，让卢梭感到了莫大的安慰。《乡村卜师》在宫廷成功演出后，奥蒙公爵当即派人通知卢梭第二天去觐见国王，来人还补充说，国王可能要赐他一份年金。

这本是一件令人高兴的事，但那天晚上他怎么也睡不着觉。想到自己生性腼腆，在生人面前常常感到手足无措，见到国王就更紧张了。而且如果接受了年金，从此就只能阿谀逢迎，那真理、自由、勇气就全完了，所以他决定放弃国王的年金。经过深思熟虑，他以健康状况不佳为借口，当天早晨一走了之。卢梭的这一决定立刻在外界引起强烈反响，遭到了普遍谴责。连狄德罗也认为他对年金的漠不关心态度是不能容忍的，并利用这件事来离间他和戴莱斯母女的关系，设法让她们离开卢梭。

1753 年，第戎学院又公布了以《人类不平等的起源》为题的征文章程。卢梭对这个题目很感兴趣，因为它也正是卢梭想要探讨的问题，于是他又一次决定应征。

经过较长时间的思考和研究，卢梭又完成了他的第二篇应征论文，题为《论人类不平等的起源和基础》。这篇论文，后来成为卢梭最重要的理论著作之一，就其思想的深度和影响来说，远远超过了第一篇论文，标志着卢梭思想的初步成熟。文章解剖了人类历史文明的过程，从经济和政治上挖掘出社会不平等的根源，雄辩地证明了文明社会的贫困、奴役和全部罪恶，都是建立在私有制之上的，所以说私有制是一切罪恶的根源，并且明确指出，用暴力推翻罪恶的封建专制政权是合理的。

这样的理论，具有撼动封建统治根基的巨大力量。正是这些论述，为行将到来的资产阶级政治革命提供了理论依据，卢梭也正是靠他这些振聋发聩的理论而奠定了他作为当时最激进的启蒙思想家的地位。

卢梭写好了《论人类不平等的起源和基础》，就寄给了第戎学院。此文虽为应征而写，但他从政治的角度料定这

DU CONTRAT
SOCIAL;
OU
PRINCIPES
DU DROIT
POLITIQUE.
Par J. J. ROUSSEAU, Citoyen de Geneve.

Fœderis æquas
Dicamus leges.
Æneid. XI.

Edition Sans Cartons, à laquelle on a ajoûté une Lettre de l'Auteur au seul Ami qui lui reste dans le monde.

A AMSTERDAM,
Chez MARC-MICHEL REY.
M. DCC. LXII.

《社会契约论》中主权在民的思想，是现代民主制度的基石，它深刻影响了欧洲废除君主绝对权力的运动以及18世纪末北美殖民地摆脱英帝国统治、建立民主制度的斗争。

《新爱洛伊丝》是卢梭的一部爱情小说，出版后即成为人人争看的畅销书，并被翻译成多种语言，风靡全欧。图为书中的插页。

样的文章是很难得奖的，能够出这样一个题目已经很不简单了。1755 年，《论人类不平等的起源和基础》在荷兰出版后，这篇构成了卢梭整个思想理论体系的核心和全部世界观的基础的名著，一下子撼动了整个欧洲，其影响远远超过第一篇获奖征文，他的论敌从此也就更多了。

退隐乡间

1756 年，卢梭在巴黎郊外隐居起来。他上午抄乐谱，下午带着笔和本子出去散步。出门不远的蒙莫朗西森林成了他的书房，在那里卢梭继续构思几本已经开了头的作品。其中有他构思时间最长、最感兴趣的《政治制度论》。卢梭在这一时期完成的《社会契约论》，就是他计划写作的《政治制度论》的一部分。

这期间，他还思考着另一部作品，名字叫《感情伦理学或智者的唯物主义》，想探讨人们在生活中为什么会变成完全不同的人。他通过观察研究发现，人们的生活方式大部分是由外界事物的先入印象决定的。人们不断地被自己的感观和器官改变着，并不知不觉地在自己的意识、感情乃至行为上受这些改变的影响。因此，他感到有必要依据自然科学的原理，提供一种外在的生活准则，这种准则随环境而加以变通，就能把我们的心灵置于或维持在最有利于道德的状态。尽管这部作品最终没有完成，但其中的一些基本思想在后来的《爱弥儿》中得到了体现。

图为卢梭所著《爱弥儿》的第一版。

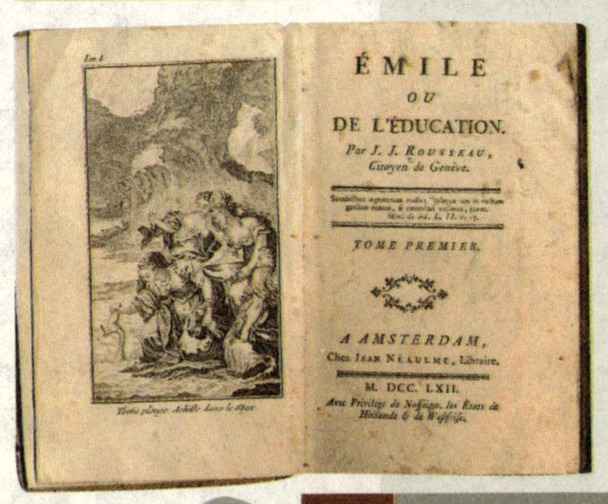

除了哲理作品，卢梭这一时期也创作了一些优美动人的文学作品。《新爱洛伊丝》是卢梭最富幻想的一部作品，充分表现了他的浪漫气质。作品采用的是一种新鲜的、美丽的和色彩绚丽的风格。故事情节简单而独具特色。书中人物的悲剧命运所启发的人性，引起了许多人，尤其是妇女们的热烈反响。该书出版以后，一度供不应求。不仅在法国，在德国也一样。据说康德生平中只有一次间断了他午后的散步，而这次间断，就是因读《新爱洛伊丝》

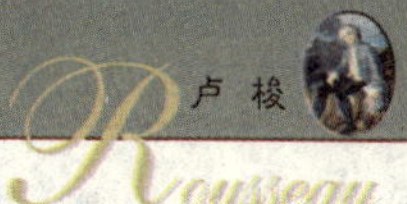

爱不释手而造成的。

这部小说在法国文学史上，第一次把爱情当做人类的高尚情操来歌颂，也是第一个在小说中描绘大自然美丽风光的作品。由于它的巨大成功，奠定了卢梭作为世界著名文学家的地位。

在与埃皮奈夫人决裂之后，卢梭被赶出了退隐庐。和皇室有着亲密关系的卢森堡夫妇请他搬到府第里的一所孤立的房子里去暂住。这里不仅环境优美，房间也极干净高雅。卢梭对着四周的林泉，听着各种鸟儿的叫声，闻着花的香气，在悠然自得中写了《爱弥儿》的第五卷。

《爱弥儿》在出版时遇到了一些麻烦，而且没有得到像他别的作品出版时所博得的那么热烈的喝彩声。然而，它在私下里所获得的赞扬却比他任何一部著作都要多。

卢梭小说《爱弥儿》插图。这部小说描述一个英雄爱弥儿从众儿童中脱颖而出的教育实验。图为爱弥儿和以作者为原型的牧师进行交谈，提出自然神学，指出人类是万物之灵。

老无所依

卢梭在《爱弥儿》中抨击传统的教育制度、宣传自然神论而得罪了教会，因为教会当时是掌管中学教育的；还有，在书的结尾，他谴责了有的贵族在蒙莫朗西射猎时糟蹋农民的土地，也受到贵族的嫉恨。几天后，卢梭得到消息：议院将极其严厉地对他起诉，随后就要下令逮捕他。

卢梭听到消息后，只能逃到日内瓦。但在巴黎通缉令下达的第九天，日内瓦也下令通缉他了。听说要对他下达驱逐令的第二天，卢梭就翻过了一座山，到达了普鲁士统治下的讷沙泰尔邦。他在那里可以得到自然而然的庇护，因为在该地宗教信仰不能成为迫害的借口。

1763 年，卢梭和戴莱斯在讷沙泰尔的莫蒂埃暂时定居下来。在莫蒂埃最初的一段生活比较惬意，但时间一久，难免要为生活来源担忧。除了写作之外，又找不到任何挣钱的办法，在这种情况下，卢梭又不得不“重操旧业”，再拿起笔来写作。

卢梭被瑞士、法国、普鲁士驱逐出境后，英国哲学家大卫·休谟向他伸手出友谊之手，邀请他去英国避难，并设法为卢梭在乔治三世那里谋得了一份年金。

此时，卢梭打算集中精力写一部自己的回忆录，这就是后来的《忏悔录》。在这期间，卢梭的生活比较平静，但也只是相对而言。实际上，在逃亡过程中的卢梭仍不断地受到攻击和迫害，卢梭也从未在这些攻击和迫害面前屈服过。他一有机会就拿起笔来，为自己的过去、现在和将来进行辩解或反驳，但结果往往招致更大的迫害。

在莫蒂埃，卢梭还和巴黎大主教进行着激烈地辩论，受到了普遍地关注。毕蒙主教说卢梭在书中宣扬的是假道学，说他是一个自以为学识丰富而误入歧途的人；一个在思想和行为上充满矛盾的人；一个用复杂的思想来曲解道德的人；一个自称热爱圣典但一味地标新立异的人；一个自吹热爱隐居而又借此吸引他人注意的人；一个泯灭读者道德观念的人；一个主张人类社会平等又想将人类贬低到禽兽的地步的人。更严重的是，教皇还指控卢梭散布色情，斥责《爱弥儿》是建立在无神论的思想基础上的。

对于这些指责，卢梭坚决加以反驳。他在十分困难的情况下发表了《致毕蒙主教书》。这本书出版后，卢梭又受到了激烈地批评，日内瓦人的攻击尤为猛烈。随后，日内瓦当局还正式废除了卢梭的永久公民权。

这之后，人们受到挑唆，更加仇视卢梭。他们不断骚扰卢梭，还把石头扔进他家。这样，卢梭只好再次搬家，搬到了圣皮埃尔岛。卢梭觉得在这个岛上居住十分理想，可以与世隔绝，让自己更能陶醉于闲散与沉思生活的甜美之中。但好景不长，卢梭在岛上只住了两个月，伯尔尼议会就下达命令，要他搬出这个岛并离开他们的辖境。

卢梭的《忏悔录》

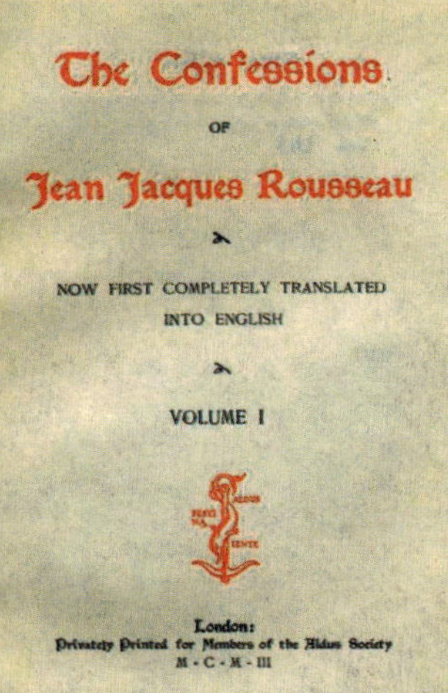
The Confessions
OF
Jean Jacques Rousseau
NOW FIRST COMPLETELY TRANSLATED INTO ENGLISH
VOLUME I
London:
Privately Printed for Members of the Aldus Society
M·C·M·III

在辗转多个城市后，卢梭于 1766 年 1 月来到英国伦敦，住到了著名哲学家休谟先生家里。卢梭和休谟早就互相敬慕，但相处在一起时却很少有共同语言。卢梭后来还发现，休谟和自己在法国的那些敌人有交往，本来就多疑敏感的卢梭，把休谟看成了阴谋反对自己的代理人之一。这是因为经过多年的颠沛流离，接连不断地受到攻击和敌视，卢梭精神上受到极大地摧残，患上了“被迫害狂症”，疑心极强，总疑心周围的一切人都想迫害他。

不久，卢梭离开了伦敦，迁往英国另一个城市伍顿。在那里，他继续写作《忏悔录》，到当年年底完成了第一章到

第五章的前半部分。这时外界传闻有人想策划焚毁这本书，卢梭非常担心，便想离开英国到别的地方居住，并想回到欧洲本土；戴莱斯表示赞同，因为她母亲已经去世，需要她回去料理后事。卢梭要返回本土的消息在欧洲传开后，不少人给他写信，表示愿意提供住处，这使卢梭深受感动。1767 年初，卢梭整理行李，将多余的书都变卖了，以减少旅途的负担。卢梭的朋友培鲁先生介绍他和戴莱丝去史泊丁城投靠塞吉先生，他们在那里没有停留多久，于 1767 年 5 月初抵达英国东南部的多佛港，准备乘船前往法国的加莱港，但因当天遇到风暴，轮船无法启航，第二天他们到达了加莱港，结束了近 5 年的国外逃亡生活。

回到法国的第一年，他写完了《忏悔录》的第五章到第六章，即这本书的第一部。《忏悔录》是卢梭晚年的重要著作，是一部最具有个性特点的自传，它记述了卢梭从出生到 1766 年被迫离开圣皮埃尔岛之间五十多年的生活经历。卢梭在叙述这些经历时，也展示了自己同情平民的感情和追求自由平等的思想，体现着自他发表第一篇论文起逐渐成熟起来的理论和观点，它不仅是卢梭生活的历史，也是他对这种生活进行思考的历程，是他的情感和思想发展的历史。这部极富思想性和艺术性的作品，被后来的人看做是一首抒情的诗，一首世界文学中优美的诗，它成为文学史上独树一帜的标志，并进一步凸显了他作为浪漫主义抒情文学大师和开拓者的地位。当然这部作品的缺陷也十分明显，那就是对朋友过于苛刻和不宽容，这对于一个屡遭迫害而又精神敏感的人来说，或许是很难避免的。

1770 年春，卢梭决定迁往巴黎，这一年他已被法国当局赦免，可以自由选择居住地了。他每天都在巴黎近郊做长时间的漫步和遐想，从 1776 年春持续到 1778 年春，整整两年。他把这些遐想写了下来，共有 10 篇，后来被汇集成书，在 1782 年以《漫步遐想录》之名出版，也有的版本题作《一个孤独者漫步的遐想》。

1778 年 7 月 2 日，卢梭还是按照老习惯一清早就外出采集植物标本，但这次因为脚痛很快就回家了。戴莱斯回到家时，听见卢梭呻吟说："我感到胸口一阵阵疼痛，大脑也像被敲打似的。"这时是早晨，外面天气晴朗，卢梭说他想看看美丽的阳光，戴莱斯便扶他到窗前，只听他说道："全能的主啊！天气如此晴朗，没有一片云，上帝在等着我

《忏悔录》是卢梭凄凉的晚年的产物，如果要举出他那些不幸岁月中最重要的、甚至是唯一的内容，那就是这一部掺合着辛酸的书了。

了。”说完，他便失去了知觉。后来经医生诊断，写下了“由于严重的尿毒症而引起的中风”的记录。

第二天，人们纷纷来到埃尔姆农维尔，瞻仰这位伟人的遗容。随后，他被安葬在波拉斯岛上，这是他生前向往的地方。法国大革命后，1794 年 4 月 15 日，法国革命政府迁葬卢梭灵柩于巴黎先贤祠。

《忏悔录》中对那些人物的形貌的描写使读者了解了欧洲 18 世纪各个阶层的精神状况、道德水平、爱好与兴趣、愿望与追求。

开创一个时代的卢梭

卢梭在政治思想、文学等方面，都是开创一个时代的人物。他的一些著作和思想，曾经作为法国资产阶级革命的武器和旗帜，也是世界人民反对封建专制制度的武器和旗帜；他那些充满激情和智慧的理论，在人类思想发展史上树立了一个里程碑。

《论人类不平等的起源和基础》是卢梭整个思想理论体系的核心和全部世界观的基础。他以后的许多思想都是在这个基础上阐发的。他把人类不平等的起源放在私有制上。他看到了私有制得以产生的条件，是与“铁和谷物”的应用有关，和“一个人据有两个人吃的粮食”有关。剥削和压迫就以此为基础，同时也为文明社会的所有罪恶活动提供了条件。换句话说，社会意识的产生与存在，与社会物质存在有关。对此，普列汉诺夫曾明确指出，这是卢梭看到了一些历史唯物主义的真理。在进一步论述中，卢梭还替已经不平等的社会提供了一幅发展图：第一阶段，由于土地私有，产生财产上的贫富不平等；第二阶段，由于富人欺骗人民放弃自由，经契约取得公民自由，建立了便利富人的国家与法；第三阶段，由于富人掌握国家法律，形成主人与奴隶的区别，结果使原来的法定权力变为专制暴力，使全体人民毫无权利，这是不平等的顶点。而顶点必将转为起点，即不平等终将转化为平等。

《社会契约论》本来是卢梭很早就构想的《政治制度论》的一部分，后来他感到完成此书需要好多年的时间，就放弃了原定的计划，把《社会契约论》作为相对完整的著作出版。在西方思想史上，提出社会契约论的并非始于卢梭。可以这样说，格劳秀斯是近代资产阶级社会契约理论的首倡者，霍布斯是社会契约论的奠基者，洛克是社会契约论的发展者，而卢梭则是社会契约论的集大成和系统化者。他在《社会契约论》这部享有盛名的政治学著作中，继承和发展了以前的社会契约论，系统地阐述了他的社会契约学说的基本原理，提出了人民主权思想和激进的资产阶级民主理论。因此，我们可以认为社会契约学说主要是和卢梭的名字连结在一起的。在《社会契约论》中，卢梭提出了怎样改造社会，建立什么样的国家制度才能恢复和保障人们在不平等的社会中所丧失的自由和平等的权利等问题。

《社会契约论》是卢梭政治学说的代表作，也是反映他思想的最深刻、最成熟的著作，后来成为了世界政治学说史上最著名的经典文献之一。卢梭在这部著作中关于自由、平等、天赋人权、主权在民的思想，反映了资产阶级反封建斗争的革命要求，法国人民也从中找到了推翻旧的封建制度、确立新的社会原则的思想武器。他的思想直接影响了法国资产阶级大革命，为这场革命提供了理论根据，并在革命中发挥了巨大的指导作用，他的思想被革命时期的资产阶级革命家，尤其是雅各宾派的首领罗伯斯庇尔直接接受下来，并把它作为自己的行动指南和革命纲领，结出了胜利之果。当然，这部著作不仅为法国未来的资产阶级民主共和国提出了一个设计方案，也极大的影响了其他国家的资产阶级革命。

卢梭在《忏悔录》挖掘自己在曲折的经历中所产生的各种“卑鄙之处”，来歌颂平民精神境界中一切有价值的东西：自然淳朴的人性、值得赞美的道德情操、出色的聪明才智和健康的生活趣味等。

在宗教问题上，卢梭不是无神论者，而是自然神论者。他把物质和运动割裂开来，认为只有某种外在力量才能引起运动，而这个推动宇宙、构造世界、给万物以生命和运动的最高主宰，就是上帝。卢梭反对以宗教迷信和狂热为特征的传统天启宗教，主张“自然宗教”。他说：“我常常以自己的方式来理解宗教，但我从来没有完全离开宗教。”

卢梭的教育思想，集中表现在《爱弥儿》一书中。这部书是他用20年思考，3年写成的书。这部著作紧随《社会契约论》后出版。卢梭在《爱弥儿》这部闻名世界的论教育的著作中，根据他的唯物主义感觉经验论的认识论思想，提出了按照人的认识发展过程和自然法则，对他所假定的教育对象“爱弥儿”进行教育，使其身心自由发展的“自然教育”理论，因而

《忏悔录》是卢梭一生经历的缩影，是他心血的结晶。在《忏悔录》中，卢梭向世人展露了自己最真实的一面。

使他在教育史上占有重要地位。

卢梭在《爱弥儿》上卷中，就开宗明义地写道："出自造物主之手的东西，都是好的，而一到了人的手里，就全变坏了。"卢梭鉴于封建教育残害人性、违反自然，而提出"自然教育"的理论，主张在自然条件下，遵照儿童的本性，对他们进行教育。卢梭针对中世纪经院学校教育严重脱离实际的现象，提出重视实践的作用，积极主张把教育同生活实践密切地结合起来；针对学校那种呆读死记、机械训练的教学方法，主张必须抛弃这种陈旧死板的方法，而代之以新的方法，即自然的方法；针对封建教育的惩罚制度，提出了"自然后果"的原则，也就是说对儿童所犯错误或过失不要直接加以制止或惩罚，而应当诱导他从自己所犯错误的经验中获取教训，意识到个人行为的"自然后果"，从而使他自觉地、主动地改正错误；还针对封建贵族、特权等级攫取他人劳动成果的不合理现象，主张对儿童进行劳动教育。他认为劳动是每个人应尽的社会义务，通过劳动学会谋生的手段，不去过那种依靠高官厚禄的寄生生活；主张对青年进行道德教育，培养他们的善良情感等。卢梭提出向儿童进行适应自然发展过程的"自然教育"，把他们从恶劣的社会影响下拯救出来。所谓自然教育，就是"按照孩子的成长和人心的自然的发展而进行教育"。这就是说，在教育儿童的时候，应该服从自然的永恒法则，遵循自然赋予他们的本性，考虑他们的年龄特征，听任他们身心的自由发展。自然教育的手段就是生活和实践，自然教育的方法就是采用实物教学和直观教学法。他说，只有一门学科是必须教给孩子的，这就是做人的天职，而教师的职责即在于指导孩子怎样做人，使他们不至于被种种不好的欲望或偏见拖进社会生活的旋涡，能成为在一个理想的社会中具有公民品格的人，为公共利益而工作、献身。

卢梭在临死前让戴莱丝为他打开窗户，在看到阳光后，卢梭欣然闭上了双眼，得到了安息。

《忏悔录》是卢梭又一部影响巨大的作品。这是他晚年遭到诬蔑、诽谤后被迫写的自传，写得非常坦率，"完全按本来面目把自己表现出来"。他大胆地把自己的隐私公之于众，承认自己产生过卑劣念头，有过下流的行为，把他着手写这本书之前的50年的经历如实道来，结果书中的主角便成为世界上绝无仅有的一个完全依据本来面目和全部事实描绘出来的形象。仅凭卢梭能够坦诚至此这一点，便抓住了读者。而且卢梭还是写文章的高手，书中对自然美景的描绘，对坎坷经历的述说，对内心世界的剖析，使这部自传成为极富思想性和艺术性的文学作品。

《漫步遐想录》是卢梭最后一部文学作品，是《忏悔录》的续篇，是最能反映他孤独的晚年那种既宁静又有些飘忽不定的心境的随笔。这本书共 10 篇，从漫步之一到漫步之十，无预定顺序，内容不连贯，或叙事、或回忆、或申诉、或表达内心感受、或抒发情怀，但都是他漫步时遐想的记录，是他心灵发出的声音。正如罗曼·罗兰所说："这部最后的《遐想》，很像一只老而忧郁的夜莺在森林的寂静中唱出的美丽的歌曲。"的确，卢梭已入老境，他这个"被排除于人类社会之外的不幸者"，很像落入寂静森林的夜莺，仍然唱出美丽的歌曲。他在《漫步之七》中写道："……任何与我肉体的利害有关的事，都不会在我心中占据真正的位置。只有当我处于忘我的境界时，我的沉思、我的遐想才最为甜美。当我跟天地万物融为一体时，当我跟整个自然打成一片时，我感到心醉神迷，欣喜若狂，非语言所能形容。""有时，我的遐想最终转为默想，但更多的时候则是默想转为遐想；在这样的神游之中，我的心乘想象之翼在宇宙间徜徉翱翔，欣喜若狂，其乐无穷。"由此可以看到，在这部作品中的卢梭是处于最纯真状态中的卢梭。这部作品是他跟自己的心交谈的产物，是对自己心灵的分析和解剖。作品中他不加修饰的淳朴，无可怀疑的真诚，不再被论战和热情所激动的才智，都是它的魅力所在。

图为一幅《卢梭在阿蒙农维拉采集草药》的油画。这幅油画再现了卢梭在巴黎东北面的阿蒙农维拉的生活情况。

卢梭生前遭人唾弃，死后却受人膜拜，被安葬于巴黎先贤祠。1791 年，国民公会投票通过决议，给大革命的象征者卢梭树立雕像，并以金字题词——"自由的奠基人"。

大事年表

1712 年 让·雅克·卢梭诞生于日内瓦。他是法国基督新教教徒、钟表匠伊萨克·卢梭和苏萨娜·卢梭夫妇的第二个儿子。母亲几天后死于产后失调。

1722 年 父亲和人发生纠纷，诉讼失败，逃离家园。由舅父贝西纳尔把自己儿子和卢梭送到日内瓦附近布瓦锡地方牧师朗拜尔西埃处，学习古典语文，兼学绘图、数学。

1728 年 日内瓦近郊的神父介绍他投奔安纳西的德·华伦夫人。得到德·华伦夫人的资助，去意大利都灵进教养院，改奉天主教。

1742 年 卢梭携带《新记谱法》去巴黎。后由雷奥米尔先生推荐到法兰西学士院宣读，未成；之后不久结识狄德罗。

1744 年 完成歌剧《风流诗神》，他的音乐才能开始引起巴黎音乐界的注意。在这一年结识戴莱斯并与之同居。

1750 年 应征论文《论科学与艺术》得奖。

1753 年 冬季，第戎学院宣布有奖征文，题目是《论人类不平等的起源》，卢梭得讯后，动笔写应征文。

1755 年 落选论文《论人类不平等的起源和基础》出版于阿姆斯特丹。

1756 年 卢梭以新著《论不平等》奉赠伏尔泰，伏尔泰阅后大为不满，复信道："我收到了你的反人类的新书，谢谢你。"

1762 年 《爱弥儿》出版于阿姆斯特丹和巴黎。

1766 年 到英国哲学家大卫·休谟家避难。《忏悔录》第一卷前篇，即前六章写成。

1778 年 7 月 2 日病逝，葬于埃尔姆农维尔附近波拉斯岛上。法国大革命后，1794 年 4 月 15 日，革命政府迁葬卢梭灵柩于巴黎先贤祠。

马克思

Marx

马克思对于人类世界的影响是不言而喻的。他是人类最伟大的思想家之一和无产阶级革命导师，他为崇高理想而勇敢地献出了自己的一切。作为马克思主义的创始人，他以自己的毕生心血为人类留下了一座巨大的思想理论宝库，指导了社会变革运动，改变了整个世界的面貌。

但他并不是一个不食人间烟火的神。他是人，他曾经坦诚地说过这么一句话："我是人，人所固有的我无不具有。"他同样有七情六欲，他与燕妮的爱情、他与恩格斯的友谊，为人类树立了爱情和友谊的两座丰碑。

【莱茵河畔的少年】

1818 年，德国莱茵省南部摩塞尔河畔的特利尔城是个美丽的城市。5 月 4 日，特利尔城布吕肯巷的一栋门楣标着“664”号的两层半楼房里，亨利希·马克思已等待几个钟头了。第二天凌晨，一个小男孩终于降生了。他就是卡尔·马克思，没有人能预料到，他将给世界带来翻天覆地的变化。

位于德国美丽的特利尔城布吕肯巷的马克思故居。

卡尔在兄弟姐妹中排行第三，上有一个哥哥和一个姐姐，哥哥幼年夭折后他就成了家里的长子，深得父母亲、尤其是父亲的钟爱。虽然后来父母又添了孩子，可他一直是双亲的宠儿。父亲常夸他的才华、天赋，并想要他达到自己年轻时的理想：成为大法官、大法学家或受人们尊敬和富有理性、博爱精神的大律师。母亲见卡尔孩提时百事顺利，常称他是“幸运儿”。姊妹和伙伴送给他一个爱称——“摩尔”。卡尔做事因执著而常表现出暴躁，这时，姐姐索菲娅就又爱又恨地叫他一句：“摩尔霸王！”

1830 年秋天，亨利希·马克思把年满 12 岁的卡尔送入特利尔的腓特烈——威廉中学（特利尔中学）。卡尔进入中学的这一年，法国爆发革命，这给莱茵省、尤其是特利尔的自由派人士带来了希望之光。

年轻时的卡尔·马克思就对时政表现出很浓厚的兴趣，经常提出自己的见解。

卡尔进中学的时候，燕妮在这里快要毕业了。燕妮的家离学校很近，燕妮的弟弟埃德加尔比卡尔小 1 岁，他们又成为很要好的同班同学。卡尔去威廉中学每天都要经过西梅昂大街，这是特利尔的主要街道，它从市中心穿过，一直延伸到特利尔广场。卡尔在穿过热闹的广场时，总是注意到那些居民在谈天说地，他还细心倾听他们对时政的议论。为了见到燕妮，他宁可多走一段路，每天从燕妮家门口通过，同燕妮和她的弟弟一路去学校，又一路谈论他走在大街上、广场看到的和倾听到的一些事情。有时他同燕妮的弟弟不免有些争议，燕妮却常倾向卡尔这一边，卡尔的独到见解常使她肃然起敬，又不免要对卡尔多看上一眼。就这样，每次的议论直走到教室门口才能结束。

1834 年，卡尔中学毕业的前一年，特利尔发生“文学俱乐部”事件：一些自由主义者上街游行、宣扬理性和自

由。维登巴赫所领导的威廉中学遭到了搜查，政府当局没收了学生手里违禁的诗歌，逮捕了一个中学生，还提出要免去维登巴赫的校长职务。

听说当局要撤销维登巴赫的校长职务，学校师生反响非常强烈，卡尔和他要好的同学格拉赫和埃德加尔组织学生反对。当局见维登巴赫在学校师生中威信如此之高，只好把学校的一个反动教员摩尔斯任命为副校长，由他在政治方面加强对学校的监控，通过他来扼杀和抑制这里师生的斗争精神和自由空气。

1834 年，卡尔高中毕业前的一年，特利尔人酷爱自由的热浪两次震动着全城。1 月 12 日，“文学俱乐部”设宴招待莱茵省议会代表。出席者当中有特利尔市长哈夫先生和与法国自由派关系密切的亚古拉斯·瓦尔德纳，卡尔的父亲也是宴会筹备人之一，亨利希发表了为自由派思想辩护的演说。1 月 25 日，“文学俱乐部”的“卡季诺”成员举行成立纪念日活动，参加者用法语高唱《马赛曲》和《巴黎妇女歌》，象征革命的三色旗在会场上受到鼓掌欢迎。参加人之一的布里克西乌斯在发言时指出了 1830 年革命的意义。

整个普鲁士还没一个城市敢如此放肆，这使得柏林当局极为不快。他们谴责了特利尔的行政长官，“文学俱乐部”置于警察的严密监视之下。卡尔的父亲和几位教员被列入可疑分子名单，布里克西乌斯律师则遭到司法追究。

卡尔寻求自由、理想的热血已开始沸腾不已，但由于他正处于长知识、长智慧的中学生时代，所以还是把主要精力放在了对功课的学习和钻研上。不过，被压抑的热情无不在他的作文里一篇一篇地越来越滚烫地显现出来。他已经意识到，个人和社会是可以一致起来的，而且必须一致起来。卡尔说，人们只有为同时代的人完善、为他们的幸福而工作，才能使自己也达到完美。他还说，古罗马的奥古斯都是应当受到尊敬的，因为同奥古斯都以前的时代相比较，奥古斯都促进了社会的安定和进步，包括文化的繁荣。因此，历史将永远怀念这样的人。

中学毕业在即，全班同学几乎都在谈论选择未来职业的问题。有的想当官，有的要经商，有的想做医生，有的甘心献身宗教，有的则以投笔从戎为理想。卡尔却坦率地表达了自己对选择职业的看法：不论什么职业，任何时候也不能使其思想脱离具体行动；同时，任何时候也不能使

马克思是第一国际的组织者和领导者，全世界无产阶级和劳动人民的伟大导师，被评为 20 世纪影响世界最深的人。

其具体行动缺乏理智和思想。

17 岁的卡尔在《青年选择职业的考虑》毕业论文中是这样用他潇洒而又浓重的笔墨结尾的："如果我们选择了最能为人类服务的职业，我们就不会为任何沉重的负担所压倒，因为这是为全人类做出的牺牲；那时我们得到的将不是可怜的、有限的和自私自利的欢乐。我们的幸福将属于亿万人，我们的事业虽然并不显赫一时，但将永远发挥作用，当我们离开人世之后，高尚的人们将在我们的骨灰上洒下热泪。"

【大学生涯】

马克思怀着探索真理、掌握科学和艺术的理想与愿望，进入波恩大学法律系学习。他学习很用功，读了不少科学专著，为以后的哲学探索打下了坚实的基础。

1835 年 10 月中旬的一天清晨，卡尔·马克思早早来到了码头。今天他要远离家乡，去波恩读大学。波恩城不比特利尔大多少，这个城市的政治经济生活受着这所大学的七百多名学生的支配，这所大学使得波恩成为普鲁士莱茵省的精神生活中心。卡尔遵从父亲的愿望读了法律系。

卡尔刚进校就表现出渴望通晓一切、了解一切的急切心情，注册的当天他就加入了波恩大学的特利尔同乡会。同乡会为避免当局的监视一般称做"啤酒俱乐部"，后又为满足会员对文学和社会活动的爱好，便成为一个以文学宗旨来掩盖政治生活的组织。

第二学期初，卡尔被波恩大学的特利尔同学推为同乡会会长。波恩大学丰富多彩、浪漫惬意的生活，使卡尔痛快淋漓地投入了学生活动中。"学生会"多为贵族子弟组成，这些贵族子弟在普鲁士政府的庇护下经常惹是生非、为所欲为，卡尔又对这些人不甘屈服。一次，一位属于"波路希亚学生会"的成员竟然动用刀剑欺侮特利尔的一个市民学员，卡尔一头扑过去，护着同学，用拳头同对方展开决斗，当他彻底制服了那位贵族学生时才发觉自己右眼一侧被对方的刀刺伤。

这些来自摩塞尔河畔葡萄酒乡的子弟都不愿戒酒，卡

尔也不例外。一次他因夜里醉酒大肆喧闹被学校当局罚坐一天禁闭。友好的同学们都去探望他，结果他又同大家在禁闭室里开怀畅饮起来。浪漫的校园生活更激发卡尔的文学创作欲，他后来又加入了一个叫哥丁根的诗人团体，积极参加一些政治和文学创作竞赛活动。

卡尔创作了幽默小说《蝎子和弗里克斯》等，并通过文学创作充实自己，弥补自己对亲人的爱恋之情。在波恩大学学习时他竟然创作了一本献给父亲55岁寿辰的诗集，还创作了献给青梅竹马的女友——燕妮的《诗歌集》《爱情集之一》和《爱情集之二》。

但父亲亨利希·马克思却对卡尔在波恩杂乱无章的活动和过大开销极为不安，在第二学期结束之前他做出最后决定，并已通过波恩大学行政当局，让卡尔转学去柏林继续学习。

这年暑假，卡尔和燕妮私自订下了婚约，可是，这对情侣当时仅把他们的决定告诉了卡尔的父亲，因为他们认为这不会得到其他亲属的理解和同意。卡尔的父亲虽然忧虑重重，深感不安。但是，他又不能不表示同意，因为他清楚，卡尔的决定是不易动摇的。

暑假后，卡尔遵从父亲的安排从波恩转学去了普鲁士的首都大学——柏林大学继续读书。1836年10月22日，卡尔到达柏林。他同时下定决心要埋头于科学和艺术的学

图为马克思和燕妮。他们一起走过了人生的大部分旅程，是彼此的支柱。他们的爱情感动着后世无数的人。

柏林大学是德国最著名的学府之一。卡尔·马克思在这里开始了自己的学习。这里对马克思的一生有着重大的影响。

燕妮对马克思的支持让他在父亲强烈反对他成为法学家的那些日子里重新振作起来。

习，选修了法学和人类学。

但不久之后，卡尔渐渐觉得自己对于哲学的兴趣远远超过了对于法律的兴趣。卡尔的这一兴趣和行动让父亲大为吃惊。父亲这时已疾病缠身，收入减少。他担心儿子的政治倾向会危及他以后的职业前途和家庭生计，从而也妨碍和燕妮的迅速结合。他回信批评卡尔，反对他放弃法律专业专攻哲学。但燕妮却来信说支持卡尔的选择，还表明她要阅读黑格尔的著作，希望能熟悉未婚夫所要钻研的那些东西，按照他的兴趣来生活。

卡尔接到燕妮的信后高兴地跳起来，这时他才真正抛开父亲要自己成为大法学家的愿望，钻进了哲学魔宫。于是，中学的第一篇论文所提出的问题总是又像走马灯似的在脑海中萦绕着：为什么世界上人类的生活不好？为什么许多人贫困和痛苦？为什么人要做那些和自己不相干的事？为什么人们不为自己做工？而替他人打工？

卡尔把自己关进了威廉大学（柏林大学）附近的米特尔街 61 号的一间简陋的房子里，日日夜夜埋头读书，想无论如何要向整个社会回答出他一直放心不下的问题。没想到，这样的生活却损害了他的身体。于是卡尔搬到了一个小渔村居住，他有时同渔民打鱼，有时同村民上山打野猪，待身体强健了些，才回到柏林大学。

黑格尔哲学由逻辑学、自然哲学和精神哲学三个部分组成。黑格尔哲学是马克思主义哲学的来源之一。

在农村的环境里恢复体力和精力期间，卡尔开始静心从头到尾读黑格尔的著作，也读了黑格尔大部分弟子的著作。卡尔过去读过黑格尔著作的片段，但黑格尔晦涩难懂、离奇古怪的表达形式使他不太感兴趣，他比较喜爱康德和费希特的著作，可通过一段时间的研究，他意识到康德和费希特不能帮助他解决理论探索中的难题，不能回答现实生活中的矛盾。

经过深入研究，卡尔终于从黑格尔的著作中找到了辩证法的奥秘，思想豁然开朗。黑格尔的辩证法认为，一切都互相联系，一切都处在不断的运动、变化和发展过程中，都由低级向高级发展，世界上没有永恒不变、万古长存的东西，旧事物必然被新事物代替，事物发展的原因是内在的矛盾。卡尔被黑格尔辩证法深深地吸引住了。他开始发现他原先的观点和方法不对。他说："开头我搞的是我慨然称为法的形而上学的东西，也就是脱离了任何实际的法和法的任何实际形式的原则、思维、意义，这一切都是按费

希特的那一套，只不过我的东西比他的更现代化、内容更空洞而已……在生动的思想世界的具体表现方面，例如，在法、国家、自然界、全部哲学方面，情况就完全不同：在这里，我们必须从对象的发展上细心研究对象本身，决不应任意分割它们；事物本身的理性在这里应当作为一种自身矛盾的展开，并且在自身中求得自己的统一。”

正当卡尔一头扎入哲学研究中时，一个噩耗传来——父亲病故了。父亲一死，卡尔完全放弃了法学，专门从事哲学研究。母亲不理解，卡尔为什么这样倾心于“对生计毫无益处”的哲学研究活动？燕妮却为何如此支持他？加上母亲对卡尔找上燕妮这个出身贵族的媳妇总有一种自卑感，所以对卡尔更加淡漠了。

卡尔·马克思向耶鲁大学的申请论文中对哲学有着较为深刻的见解，从而使他免于考试而直接拿到学位。

1841 年初，卡尔和家庭发生了重大争执，母亲拒绝在以后的生活中给他物质上的帮助，卡尔这才不得不匆匆结束了学业，并把自己的哲学著作作为一篇博士论文，于 4 月 4 日匆匆寄往耶鲁大学。《博士论文——德谟克利特的自然哲学和伊壁鸠鲁的自然哲学的差别》采用浪漫主义的写作方法，并且按照黑格尔的逻辑意识，重点考察了精神和世界的关系问题，以独特的思维和敢于向“天体”挑战的气概反映出自己崇尚自由和无神论的思想。

耶鲁大学哲学系主任巳赫教授看完这篇论文后，感到十分满意。他在 4 月 13 日就把这篇论文转给了评审委员会，

马克思深受黑格尔辩证论的影响，但不同于黑格尔的唯心论点，在论文中马克思的思想比较偏向科学化的唯物思考模式。

并附有这样的评语：

“谨向诸位推荐特利尔的卡尔·亨利希·马克思先生这位极有资格的候选人……该博士论文证明该候选人才智高超，见解透彻，学识渊博，本人认为该候选人实应授予学衔。”

申请者的优势如此明显，因此大学就没有对卡尔再进行考试了，于1841年4月15日就授予卡尔哲学博士学位。

年轻的主编

1841年4月中旬，卡尔结束了大学生活，开始走向社会。他的前景并不光明，仍是一片茫然。1841年7月，卡尔来到波恩，探望在波恩大学任教的布鲁诺·鲍威尔，希望能够在波恩大学找到一份工作，当一名哲学教授。然而，他亲眼看到的是，自己的朋友都是青年黑格尔派，政府将他们一一逐出大学讲坛和编辑部。

1842年1月初，燕妮父亲病重，卡尔又从波恩回到特利尔。为了帮助燕妮，分担她失去亲人的痛苦，卡尔在燕妮的父亲去世后，一直在特利尔住到了月底。这段时间，由于生活和职业的动荡，卡尔到处奔波，从波恩去科伦，又从科伦到波恩，再从波恩回特利尔，加上燕妮和自己失去亲人的悲痛，身体也拖垮了，这时，卡尔也病了一场。

身体稍微好转时，卡尔不顾燕妮的劝阻又立即去了波恩，开始与青年黑格尔派的公开机关密切联系，并连续在《莱茵报》上刊载了他的十篇论文，文章的影响力也开始显出卡尔在《莱茵报》的位置。

1842年11月底的一天，《莱茵报》编辑部来了个陌生人。这个人就是后来和卡尔·马克思结成莫逆之交的恩格斯。只是，他们的初次见面并不算好，因为卡尔对恩格斯是商人儿子的身份不太满意。

卡尔是活跃在《莱茵报》编辑部最年轻的一个，由于他的笔力和几篇文章见报后社会反响良好，报社公司股东们极力把他推到了主编的位置上。卡尔任《莱茵报》主编的同一天就写了《共产主义与〈奥格斯堡总汇报〉》一文，尖锐地批评了这份报纸对共产主义问题所进行的武断指责。《奥格斯堡总汇报》认为，用法国贵族的命运来恐吓刚刚产生的德国资产阶级，是一种愚蠢的做法。一些有钱的少爷们只是想玩弄社会主义思想，他们决不打算把自己的财产拿出来与工人均分。

恩格斯与卡尔的初次相识虽然不愉快，但是之后两人并肩开始了对社会主义的研究，并结下了深厚的友谊。

卡尔又以《共产主义》一文回答了对《奥格斯堡总汇报》的指责，他认为共产主义是当前具有欧洲意义的重要问题。随着资产阶级战胜

封建贵族而成为社会的统治阶级后，他们面临着享有特权的贵族在法国革命时的情况，即那时资产阶级要求享有贵族的特权。现在，一无所有的阶级要求占有资产阶级的一部分财产，这是曼彻斯特、巴黎和里昂大街上引人注目的事实，英国的宪章运动，法国的1831年和1834年工人起义，就是这种要求的反映。

卡尔·马克思在这一时期的文章，不仅仅是激进的民主要求，而且在为先进的世界观而斗争。尽管马克思在解释物质活动和精神生活的关系时，在国家的性质和作用方面还站在唯心主义的立场上；但是，在其他方面的许多问题上已经表现出他从唯心主义向唯物主义转变。他的观点开始从黑格尔、费尔巴哈的那种抽象的超阶级的观点中冲出来，形成自己的新的世界观。《莱茵报》主编的激进让《莱茵报》的政治面目焕然一新，他的实事、客观唯物主义观点在人民心目中引起了共鸣。在马克思领导下，《莱茵报》变得异常活跃起来。

马克思在为无产阶级制定科学世界观的同时，还为创建无产阶级政党而积极作思想准备和组织准备。1846年初，他和恩格斯一起建立了布鲁塞尔共产主义通讯委员会，在工人中传播科学社会主义理论。

报纸的销量大幅度增加，这让卡尔很安慰。但与此同时，烦恼也来了，他必须面对更严厉的审查和政府的威胁。1843年1月19日，普鲁士内阁会议指责《莱茵报》是一家倾向极坏的报纸。但查封《莱茵报》的法令通过后的第十天，即在1月30日，科伦就举行了集会。会上通过了致国王的请愿书，要求取消这一法令。请愿书是秘密印刷的，且相互传阅，在请愿书上签名的约有千余人，并于2月18日寄往柏林。请愿书不仅反映来自城市的激进知识分子的情绪，而且也反映了来自农业地区、乡村贫民的呼声。别恩堡——特拉尔巴赫和郊区的52名贫苦的葡萄酒酿造者，在请愿书中写道：“《莱茵报》是否散布了谎言，

是否诽谤了管理当局，那我们不知道，但是，我们懂得，关于我们地区和我们的贫困状况，讲的都是真话，而这些真话再也不能不讲了。”

3月18日，卡尔·马克思正式发表声明，退出《莱茵报》。这一天，《莱茵报》用红色油墨印刷出版了它的最后一期。

又一次挫折

但上天在另一方面让马克思得到了补偿，因为在1843年的6月，他终于和朝思暮想的燕妮结婚了。1843年10月底，马克思和燕妮这对年轻的夫妇放弃了在德国举手可得的荣华富贵，来到了异国他乡——法国巴黎，随同的只有女佣人德穆特（琳蘅）。他们很快就把家安置在巴黎瓦诺街38号。

在巴黎的头几个月里，马克思把大部分时间都花费在《德法年鉴》的编辑出版具体的准备工作上，由于合伙人卢格生病，编辑的责任几乎完全由马克思独自承担，到1843年底，出版准备工作基本完成。1844年2月，《德法年鉴》出版了第1—2期的合刊号。马克思是这期刊物的主要撰稿人。

在巴黎期间，马克思进行了紧张的理论研究工作。他埋头钻研了资产阶级经济学家劳动价值论，空想社会主义学说和空想共产主义者的思想。

创刊号以马克思和卢格的通信开头，发表了马克思1843年3月和卢格9月写的《致卢格的三封信》和《论犹太人问题》及《黑格尔法哲学批判·导言》等文章。文章以其对革命形势深刻的分析和对劳动人民革命前途充满的信心，从巴黎很快影响到德国。但《德法年鉴》只出创刊号，就不得不停办了。因为马克思和卢格之间发生了原则上的分歧。卢格不同意马克思使《德法年鉴》具有民主精神和共产主义倾向；而马克思在《黑格尔法哲学批判》一文中却号召无产阶级群众争取实现“人类的解放——共产主义的社会制度”。

尽管生活并不富裕，但作为这样一位伟人的女儿，马克思的女儿们都为有这样的一位父亲而自豪。

这样，导致《德法年鉴》在德国发行的部分多数被普鲁士没收，致使马克思的经济状况陷于极为艰难的境地。而普鲁士不但组织没收了《德法年鉴》在德国发行的部分，还下令：马克思、卢格和亨利希·海涅只要一踏上普鲁士国土便立即予以逮捕。胆小怕事的卢格撕毁了和马克思签订的出版合同，拒绝付给马克思应得的工资，并提出要马克思把未售出的刊物拿去作为他的经济补偿。

正当马克思陷入经济危机时，他的第一个孩子小燕妮出生了。琳蘅只能当掉一些暂时不用的东西来换取孩子的食品。德国科伦的朋友为他们发起了募捐，很快给他们寄来了1000培勒和800法郎以补偿普鲁士没收的刊物钱，才让他们勉强摆脱了经济上的债务。

《德法年鉴》停刊后，马克思获得了时间，利用巴黎的学术活动和图书馆研究法国革命、历史和人类文化遗产。他扑进浩瀚的书海里经常是连续三四个通宵不休息，写下九册《巴黎笔记》，其中五册是经济方面的。

这期间，马克思花主要精力研究了政治经济学，特别是资产阶级古典经济学。研究了恩格斯发表在《德法年鉴》上的《政治经济学批判大纲》一文，并按恩格斯提供的线索，研读了资产阶级古典经济学的主要代表亚当·斯密的《国富论》，研读了大卫·李嘉图的《政治经济学及赋税原理》，还读了萨伊·斯卡贝克、麦克库洛赫、脱拉西等人的著作，并做了大量的摘录和笔记。

马克思与恩格斯之间不仅仅在生活上互相帮助，两个人也常常在一起讨论学术上的问题。

1844年8月下旬的一天，恩格斯又从英国返回德国的途中亲自赶来巴黎拜访马克思。这次的见面是愉快的，因为卡尔·马克思从恩格斯的文稿中发现，这位商人的儿子并不像自己想的那样，而是非常有才华和见地的。

这次，恩格斯在巴黎留居的10天里，马克思同他形影不离。10天里，他们俩开始动手合作第一部著作——《神圣家族·对批判的批判所作的批判——驳布鲁诺·鲍威尔及其伙伴》。恩格斯在马克思的家里就已完成了他分担写作的七节，约一个半印张。马克思在恩格斯离开巴黎后又花了3个月时间，完成了这本共20个印张的著作，这部著作标志着他们共同创立的科学共产主义的开始。

《共产党宣言》的诞生

1845年，《前进周刊》为普鲁士国王腓特烈·威廉四世遇刺而欢呼，因此遭到普鲁士强烈抗议。法国政府为了止息纷争，向与该刊物有关的一些人下了逐客令，其中自然包括马克思。无奈之下，在2月3日，马克思按驱客令要求，在24小时之内离开了法国国境，来到了布鲁塞尔。这时的马克思几乎身无分文，连一所房子都找不到。在绝望中，他突然收到了恩格斯的来信和寄来的钱。

至今一切社会的历史都是阶级斗争的历史。
——《共产党宣言》

由卡尔·马克思和弗里德里希·恩格斯起草的《共产党宣言》的手稿。

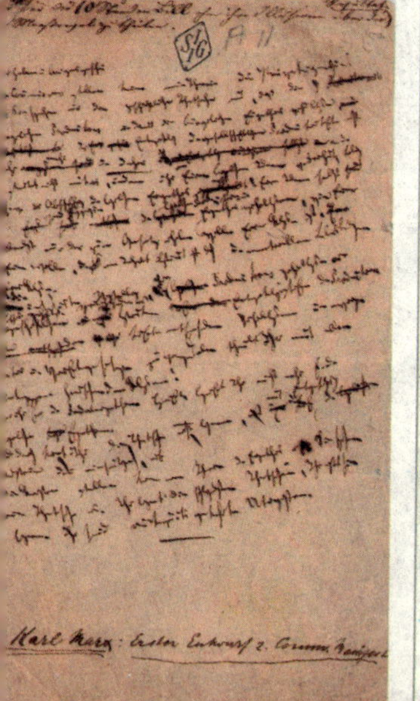

这样，马克思的生活又暂时有了希望。这一年的5月，马克思终于在这里找到了价格低廉的房子，把燕妮和孩子接了过来。恩格斯也毅然离开他父亲的公司来到这里住下了，成了马克思一家的邻居。

寓居布鲁塞尔初期，马克思由于和比利时政府签了协定，因此较少从事政治活动，而将大部分时间从事理论研究，他所进行的研究活动，目的只有一个，就是深刻反思“德意志意识”，并在辩证唯物主义和历史唯物主义的基础上，论证科学社会主义和共产主义理论。为此，马克思刚到布鲁塞尔不久，就写下了著名的《关于费尔巴哈的提纲》，这是在3月的时候，即差不多在恩格斯完成了《英国工人阶级状况》这本书的时候起草的。《提纲》成了《神圣家族》和后来一部著作之间的连接线。

马克思急于要研究并着手新的著作，他同恩格斯设法弄到了去英国的旅费，一块去了曼彻斯特——恩格斯在英国居住的地方。通过恩格斯的帮助，马克思扩大了同那里工人的接触，深入研究英国工人的运动经验，后又去了伦敦同“正义者同盟”成员和宪章运动的领导人讨论国际民主联合会的可能。一个半月后返回布鲁塞尔。回到布鲁塞尔郊区，马克思不顾出版商列斯凯的催稿，放手写作《政治经济学批判》，恩格斯也把写作《英国通史》的任务暂时搁置一旁，他们以《提纲》为“连接线”开始第二次合作，撰写《德意志意识形态》这部重要著作。

这部合写的巨著，批判了费尔巴哈唯物主义的直观性和他的唯心主义历史观，彻底清算了青年黑格尔分子布鲁诺·鲍威尔和无政府主义者麦克斯、施蒂纳的主观唯心主义，深刻揭露了“真正的社会主义者”的假社会主义面目。第一次以比较完整的系统的方式阐述了辩证唯物主义的历史性和科学共产主义理论，这就完成了一次历史观上的一场革命。

1846年2月，马克思同恩格斯组织居住在工人住宅区的毕尔格尔斯、赫斯夫妇和塞卫斯提安·载勒尔在这里办了一个规模不大的德国通讯社。通过这个德国共产主义通讯委员会的努力，很快在世界各地发展成立了其他共产主义通讯社；通过广泛的国际通讯，马克思和恩格斯向各国共产主义者和先进工人传播科学共产主义理论，批判工人运动中的各种非无产阶级的思想，消除它们对工人运动的

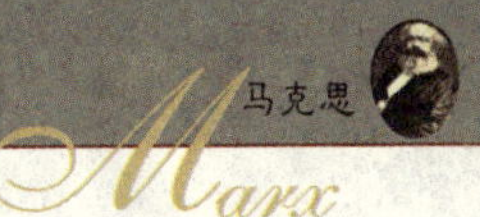

消极影响，引导各国共产主义者和先进工人积极投身反对封建主义和资本主义的斗争。

苏联发行的《共产党宣言100周年邮票》，马克思与恩格斯这两位伟人都在上面。

马克思和恩格斯都同时意识到全世界无产者联合起来的伟大历史时期的到来。他们注意同革命团体和组织、同英国宪章运动和法国社会主义者取得广泛联系，马克思当选为布鲁塞尔民主协会的副主席，他们影响着正义者同盟，而又确实不干预同盟内部的事务。这个时候，正义者同盟已经认识到它本身政治上的不足，便于1847年1月20日派遣同盟的一位重要代表莫尔来找马克思，请求马克思领导他们的运动。

5月初的一天，在深沉的钟声中，恩格斯和威廉·沃尔弗从巴黎赶到这里参加正义者同盟第一届代表大会。大会讨论了新的章程，正义者同盟改名为共产主义者同盟。代表大会以民主方式进行了选举，并且规定对那些搞阴谋诡计企图置同盟于其独裁之下的人，将随时撤销其代表资格。新章程提交各个支部审核、讨论，以便在第二次同盟代表大会上通过。这次改组同盟和讨论制订新的章程已标志着世界上第一个共产主义组织的诞生。

11月29日至12月8日，共产主义者同盟举行第二次代表大会。大会的中心议题是讨论同盟的纲领。这个议题占去大会的大部分时间。马克思以其渊博的知识、严密的逻辑、令人信服的论据，系统地阐明了科学共产主义的基本原理，论述了无产阶级政党的纲领原则和策略原则，对形形色色的冒牌的社会主义和共产主义理论进行了切中要害地批判。

马克思与恩格斯创作的《共产党宣言》对无产阶级革命政党有着深远的影响。《共产党宣言》唤醒了备受压迫的无产阶级，使他们走向革命。

同盟第二次代表大会最后完成了共产主义者同盟的创建工作。从此共产主义者同盟作为第一个无产阶级革命政党登上历史舞台，恩格斯在后来的总结说：“这个不大的战斗队，却拥有一个大家都乐于服从的第一流领袖马克思，并且有赖他才具备了一个至今还保留其全部意义的原则性和策略的纲领——《共产党宣言》。”

《宣言》好似一声春雷，唤醒了广大被压迫被剥削的劳苦大众。它犹如一座灯塔，照亮了各国无产阶级争取解放斗争的航道。《宣言》出版立即受到热烈欢迎，1848年它就被译成法文、波兰文、意大利文、

《共产党宣言》从1872年到1890年间经过了多次修改。由于该文献是写给广大工人的，所以这也是马克思最易阅读的文章之一。从历史上来说，这份文件为了解共产主义者在他们运动之初的思想与政策提供了很好的参照。

丹麦文、佛来芒文和瑞典文，后来被译成许多国家的文字，在全世界广泛传播。

【流亡生活】

为了更好地领导祖国的革命运动，马克思和恩格斯又回到了科伦。到达科伦，他们立即着手做两件事：一是筹办一家日报；二是建立一个全德工人党，以推动这次革命。为了完成第二项任务，同盟的主要盟员分赴德国各地，在不少地方迅速建立了工人联合会，原计划在这些工人联合会的基础上建立一个政党，但由于德国无产阶级的大多数人觉悟不高，还认识不到成立一个自己的、不受资产阶级影响的独立政党的必要性，这项任务未能完成。而几百个盟员分散在德国各地的广大群众中，依靠秘密通讯和派遣特使联系已不能直接指导各地的斗争。这就更加强了马克思创办日报的想法，各地的工人联合会也为日报的出版、发行打下了基础。

7月里，马克思从科伦的阿波斯托尔街7号搬到了科伦塞西林街7号。工作刚刚安顿下来，他把回国先住在特利尔岳母家里的燕妮和孩子、琳蘅也接来一块住下。很快，马克思的住宅区又像在巴黎那样成了这里的革命中心。

创办报纸遇到了异乎寻常的困难，首先是缺少必要的资金。马克思只能动用了父亲的一部分遗产，恩格斯也从父亲给的生活费里挤出了一些钱，又千方百计地找到其他的人，才勉强解决了出版报纸的资金问题。报纸取名为《新莱茵报》，这是因为一方面表示同过去马克思主编的《莱茵报》有继承关系，一方面加上“新”字以说明两者之间有差异，报纸的副标题是《民主派机关报》。

报纸原设想在7月1日出版，由于革命形势发展迅速，反动派迫害的步子也在加快，马克思决定提前出版报纸。报纸创刊号曾对此作了说明：“鉴于反动派实行新的无耻法令，可以预料德国的9月法令很快就要颁布，因此，我们决定利用自由环境中的每一天，从6月1日就开始出报。”5月31日晚《新莱茵报》创刊号排版印刷完毕。报贩们来到编辑部，取走刚印好的报纸，立即分送到科伦全城，马克思渴望已久的无产阶级宣传武器《新莱茵报》终于诞生了。

马克思创办的《新莱茵报》赢得了广大人民的好感，但却遭到了当局的查封。

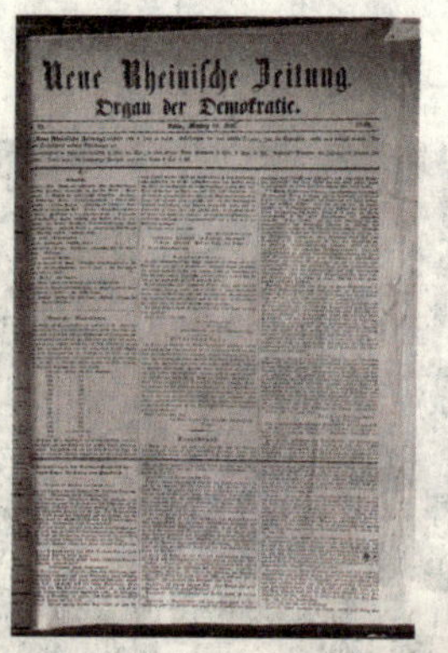

Neue Rheinische Zeitung.
Organ der Demokratie.

由于《新莱茵报》始终坚持把民主革命进行到底和支持一切民族的解放斗争，它赢得了广大人民和坚定的民主派的信任。3个月内它的印数就达到了5000份，这是当时德国极少数几家报纸才能达到的数字。同时，它鲜明的政治立场也自然引来了德国封建势力和大资产阶级的敌视和迫害，创刊号的文章激烈反对资产阶级议会这个“清谈馆”的行径，使一半资产阶级股东退出，剩下的一半股东由于马克思坚决支持巴黎工人六月起义也全部退出了。7月6日科伦法院传讯马克思，控告他侮辱国家官吏和警政人员，搜查了报纸编辑部。8月初科伦警察厅通知马克思，科伦市政当局不承认他是“普鲁士臣民”，妄图再次把他驱逐出境。9月26日科伦实行戒严，《新莱茵报》同其他民主派报纸被勒令停刊。

面对政府不断的迫害，马克思和恩格斯还是坚持不懈地宣传《新莱茵报》，让这个宣传武器将无产阶级的思想传达出来，从而唤醒广大人民，激励他们积极革命。

马克思、恩格斯和他们的战友经过种种努力，使报纸于10月12日复刊。11月14日马克思再次被法院传讯，1849年2月初普鲁士政府又接连两次控告马克思危害国家，马克思在法庭上义正词严地为《新莱茵报》的文章进行辩护，无情地揭露政府的种种无耻的迫害。1849年5月，普鲁士反动政府相继镇压了德累斯顿、爱北斐特等地的人民起义后，又立即把刺刀对准了《新莱茵报》。《新莱茵报》于1849年5月19日被查封了。

马克思最大的痛苦是离别祖国，可现实摆在马克思面前的又是只有流亡这唯一的出路。他第三次来到塞纳河畔的巴黎，化名M. 拉姆博次。因为没有钱，全家无法与他同行，加上燕妮又正处于妊娠的最后一个月，8月24日，马克思不得不一个人登上了开往伦敦的轮船。

他一到英国，又立刻投入了政治斗争。他恢复了共产主义者同盟的领导，并重新组织了同盟的活动，与此同时，他进行关于筹办德文机关刊物谈判，准备在这里创办报纸《新莱茵报·政治经济评论》。但是，因为这份报纸是政治理论刊而很难发行，他只是凭借经常为美国《纽约每日论坛报》写文章获取少量的稿酬，每篇文章的稿费很少。全家人都来后，马克思的生活更为困窘，他不得不为钱发愁。屋漏偏逢连夜雨，8岁的埃德尔在贫困中死去，他是马克思和燕妮在5年内失去的第三个孩子。恩格斯除写信和来看望安慰外，为了这一家人的生活，他只好又去了他讨厌的父亲的工厂里工作，他在曼彻斯特通过邮车给马克思汇钱和送给他所需要的东西，信中还经常抱怨马克思隐瞒自己的困难不向他明说。

1856年5至7月，燕妮带孩子回特利尔守候在母亲的病床旁，母亲给了她一笔小小的财产，7月23日母亲去世，燕妮带孩子在巴黎停留后于9月10日回到伦敦。这笔小遗产再加上恩格斯的资助，马克思一家终于从第恩街的那个“洞穴”里挣脱出来。

英伦三岛的政治流亡生活对马克思来说是个人和家庭方面的悲剧。可作为《资本论》的思想和材料来源，这种生活又是他纵有万贯家财和天堂之乐也无可替代的。

英国博物馆收藏了世界各地的许多文物和图书，其藏品之丰富、种类之繁多均为世界所罕见。马克思也在这里读到了很多对自己有益的书籍。

英国博物馆收藏着各个民族、各个时代的艺术品，它的图书馆也是世界上最大的图书馆之一。马克思几乎每天都要到图书馆去，他在博物馆里的图书馆有固定的坐位，他的桌子上也同他家里的写字台一样有堆积如山的书。

在伦敦，马克思完全掌握了英文和西班牙文，广泛研究了各种政治经济方面的文献资料，并写出《路易·波拿巴的雾月十八日》《一八四八年至一八五〇的法兰西阶级斗争》《帕麦斯顿勋爵》等好几本著作。

《资本论》的问世

马克思经过14年的准备，决定开始写作《资本论》。这时，由于得到了经济上的帮助，他们一家在梅特兰公园附近找到了一所小房子。他们添置了一些家具，也不再拥挤在一起了，马克思也有了属于自己写作的“书房”。

但是，快乐的日子没有持续多久，马克思又要为钱发愁了。马克思想找份工作无望，眼看经济上的困难又无法

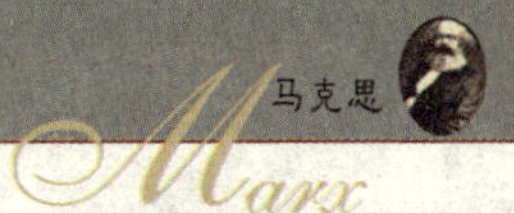

在公园附近的格拉弗顿坊宽敞的住宅呆下去了。这时，又突然从特利尔传来噩耗：“1863 年 11 月 30 日，母亲逝世。”

马克思悲恸欲绝，他不顾自己身体久病后刚刚恢复，不顾胸前生有大痈的疼痛，不听姐姐们的劝阻，长时间地在母亲遗体面前让泪水说出自己许多年来要说出的话。尽管自己正在第二次经济危机中，他没有专为母亲的遗产在家里说上半句话，他忘记了母亲也有负疚孩子的地方，只想到自己长期流亡异国他乡欠老人家的太多了。

将母亲安葬后，马克思走访了几家附近的亲戚，便立即返回了伦敦。马克思来到伦敦不久，家里人按母亲的遗嘱将马克思应得的那份母亲的遗产换成钱寄到了伦敦。得到这笔钱，马克思一家的生活又有了转机；而改善生活之外剩下的钱，马克思都给了开展革命工作的朋友。

自从 1864 年秋天起，国际工人协会的活动用去了马克思大部分的时间和精力，他忙于活动几乎断了稿酬。因此，1865 年 5 月，马克思一家又陷于贫困的境地了。所有可以抵押的东西都逐渐进了当铺，然而即使这样，也还不能使债权人满意。为此，马克思的女儿们又不能到学校去上课了，一家人又过着半饱的生活。马克思想到要把两个女儿介绍到工厂里去打工，恩格斯知道后心里非常难过，他反对马克思这样做，孩子还是读书的年龄。因此，恩格斯除每月定期从曼彻斯特寄来生活费外，又一次性寄来了 1000 塔勒。

政治流亡的风波，经济拮据的折腾，加上身体的摧残，使马克思《资本论》的写作进展缓慢。马克思前后历时 25 年，终于 1867 年 9 月 14 日，《资本论》第一卷在汉堡出版了，印数 1000 本。

这部具有划时代意义著作的问世，是马克思半辈子辛勤劳动的结晶。《资本论》以令人信服的逻辑，证明了资本主义社会必然会被共产主义社会所代替，指出了工人阶级的世界历史使命。由于《资本论》揭示了资本主义社会的经济运动规律，他终于把社会主义从空想转变为一门科学。

在《资本论》里，马克思还阐明了科学共产主义的各个组成部分，政治经济学、

《资本论》是马克思用德语写作、由恩格斯等编辑的一部政治经济学著作。它对世界产生了深远的影响。

马克思的《资本论》等书

1864年，国际工人协会会议在英国首都伦敦开幕，卡尔·马克思在会上发表了热情澎湃的演讲。

辩证唯物主义和历史唯物主义、社会主义革命和无产阶级专政的学说。《资本论》一书是马克思理论创作的最高成就。

《资本论》出版的第一天，国际工人协会做出决定，建议所有的工人学习《资本论》，马克思的这部"工人的圣经"在国际这支无产阶级大军中很快显示出巨大威力。马克思这位德国通讯书记积极通过德国工联的朋友做工作，争取德国工联组织加入国际组织。

在国际工人协会中，马克思虽然没有担任过主席和书记，但却是该协会的实际首脑。从1864年国际工人协会诞生之日到解散，马克思时刻为制定协会的纲领、路线和策略操心，为协会开展有效的活动和斗争承担一号领导人的责任。国际工人协会的文件、决议和宣言几乎都出自马克思之手，对重大问题采取的措施和在关键时刻作出的决策差不多都由马克思所倡议。马克思通过国际工人协会同各国工人组织建立了密切的联系，从他们那里了解了各国工人运动的情况，仔细研究他们寄来的消息和材料，认真考察有关各国的文献和资料，对他们的斗争策略提出中肯的意见。马克思在国际工人协会中起着无可比拟的重大作用，享有极高的威望。

【最后的日子】

1871年，巴黎的无产阶级在法国广大人民群众的支持下进行了武装斗争，最终以失败告终。

1870年9月20日，恩格斯终于迁到了伦敦的瑞琴特公园路的寓所，从这里到马克思住的梅特公园路只要步行10分钟就够了。每天下午1时左右，他就到马克思家里来，如果天气晴朗，马克思的兴致又很好的话，他们就一起到汉普斯泰特荒阜去散步。如果由于某种原因不能出外散步，他们便在马克思的工作室里，各自沿着一条对角线走来走去，接连谈上一两个小时。

由于马克思的建议，恩格斯在迁居伦敦后，马上就被选进国际工人协会总委员会。他首先当比利时的通讯书记，不久又当了西班牙、意大利、葡萄牙和丹麦的通讯书记。

连日来，马克思心里非常高兴。恩格斯搬来伦敦前不久，马克思起草的国际工人协会总委会关于普法战争第二篇宣言，于9月9日正式通过发表。

1870年10月31月和1871年1月22日，巴黎工人两

巴黎公社起义虽然失败了，但却是无产阶级推翻资本主义制度具有世界意义的第一次演习而载入了无产阶级革命的光辉史册。

次举行起义。1871 年 3 月 18 日清晨，巴黎终于被“公社万岁”的雷鸣般的口号惊醒了。巴黎城到处敲打警钟，武装的和非武装的工人向政府推进，士兵逮捕了他们的将军，并且与工人们联合起来。消息传到伦敦，群情振奋，国际总委会的委员人人都十分高兴，举杯相庆。但是公社领导得意忘形，最终没有认真考虑马克思的忠告。最后，巴黎公社社员英勇战斗了 72 天，人类第一个年轻的无产阶级人民政权被残杀在血泊中。

面对巴黎公社的胜利和失败，面对德国的新的希望，马克思深信公社原则是永存的，是永远消灭不了的。根据马克思的提议，起义刚过 10 天，总委会同意由马克思起草一个面向全世界关于斗争总趋向的宣言。这篇题为《法兰西内战》的文章，用大量事实揭露法国反动政府卖国投降和挑起内战的经过和实质。揭露资产阶级反动政府主要成员的丑恶面貌和肮脏历史，使人们认识到资产阶级反动政府采取对外投降对内镇压的政策决不是偶然的。马克思详细叙述了巴黎人民起义的经过和起义失败的主要经验教训。他指出，起义胜利后，巴黎人民本该乘胜追击，扩大战果，不使敌人有喘息之机，但是领导这次起义的国民自卫军中央委员会却没有这样做，终于结下了恶果，使敌人东山再起，卷土重来。

虽然还有大量的工作要做，但马克思不得不暂时停下来，因为长期的劳累，严重损害了马克思的健康。这位 54 岁的伦敦“老人”也确实早见衰老了，头发和两鬓须明显花白了，只有上唇胡须还依然乌光发亮而显出其矍铄精神来。1874 年 8 月，马克思来到卡尔斯巴德进行疗养。经过疗养，马克思的病情大为好转。1874 年 9 月 21 日，马克思返回伦敦。

这时的马克思虽然已从国际工人协会领导组织中退下来成为了真正的“伦

敦老人”，但他在国际的威望已无须组织职务形式上的附加影响，他依然是国际工人协会中德高望重的“老人”。对国际，马克思回答说：“这种形式上的联盟不仅不必要而且也不可能存在下去。”根据马克思的建议，国际工人协会于 1876 年 7 月 15 日在美国费城举行最后一次代表会议，通过宣言，宣告解散。在国际解散之后，马克思和恩格斯始终同革命运动连结在一起，他们“团结各国无产者的作用也没有停止，相反他们作为工人运动的精神领导者的作用，可以说是不断增长的”。

1872 年，为了德国的需要，必须准备出《资本论》的修订再版本，计划印 3000 册。人们对《资本论》的兴趣在不断地增长。朋友们一再催促马克思快点完成《资本论》的后面几卷。这虽然符合他本人的心愿，但却是困难重重。校订工作是不能不做的，更重要的是还要对各国的工人革命运动进行指导。而且，马克思的病情也日趋恶化。他在 1872 年以后的几年里顶住疾病的侵扰，还断断续续地撰写《资本论》第二三卷的草稿，只要感觉到自己有一点好转就把精力用于《资本论》的研究上。

1878 年，燕妮因为长期的贫困和劳累而病倒了。1881 年 12 月，她离开了人世，离开了她深爱的马克思。燕妮的逝世对马克思的打击太大了。医生极力设法使马克思摆脱这种完全衰竭的状态，但已经毫无功效了。恩格斯以绝望的声音说：“卡尔也死了！”

燕妮离世后，马克思到女儿家住了一段时间，暂时缓解了自己的悲痛。身体一有好转，他心里又燃起了一线希望，除抓紧校阅《资本论》第一卷的第三版清样外，还完成第二卷的付印，并将《资本论》第二卷献给自己心爱的亡妻。

然而，入冬后马克思的身体又衰弱起来。1883 年 1 月，大女儿又逝世了，这给了马克思又一次致命的打击。3 月 14 日，伟大的思想家卡尔·马克思安静地长眠了。

恩格斯怀着十分沉痛的心情，在马克思墓前说道：“这个人的逝世，对于欧美战斗着的无产阶级，对于历史科学，都是不可估量的损失。这位巨人逝世以后所形成的空白，在不久的将来就会使人感觉到。正像达尔文发现有机界的发展规律一样，马克思发现了人类历史的发展规律，即历来为繁茂芜杂的意识形态掩盖着一个简单事实：人们首先必须吃、喝、住、穿，然后才能从事政治、科学、艺术、宗教等等。所以，直接的物质的生活资料的生产，因而一个民族或一个时代的一定的经济发展阶段，便构成为基础。人们的国家制度、法的观点、艺术以致宗教观念，就是从这个基础上发展起来的，因而，也必须由这个基础来解释，而不是像过去那样做得相反。不仅如此。马克思还发现了现代资本主义生产方式和它所产生的资产阶级社会的特殊的运动规律。由于剩余价值的发现，这里就豁然开朗了，而先前无论资产阶级经济学家或者社会主义批评家所做的一切研究，都只是在黑暗中摸索。”

正如恩格斯所说的那样，马克思不愧为世界上最伟大的思想家之一。不仅如此，他还是一个革命家。他创立了伟大的国际工人协会，写了很多富有战斗性的小册子。他虽然已经离去了，但他的英名将永垂不朽！

马克思肖像

大事年表

1818年 5月5日,马克思生于德国莱茵省特利尔一个律师家庭。

1830年 10月,马克思进入特利尔中学。

1835年 进入波恩大学学习。

1836年 转入柏林大学。

1843年 6月19日,马克思与燕妮结婚。

1846年 年初,马克思和恩格斯建立布鲁塞尔共产主义通讯委员会。

1847年 年初,马克思和恩格斯应邀参加正义者同盟。1847年6月同盟更名为共产主义者同盟,并且起草了同盟的纲领《共产党宣言》。

1848年 5月,和恩格斯一起在德国创办了《新莱茵报》。

1864年 9月28日,马克思参加了第一国际成立大会,被选入领导委员会。他为会议起草《成立宣言》《临时章程》和其他重要文件。

1867年 9月14日,《资本论》第一卷出版。

1883年 3月14日,马克思在伦敦寓所去世,葬于伦敦北郊的海格特公墓,终年65岁。

培根

Francis Bacon

培根是英国文艺复兴的一位代表人物，他是杰出的哲学家、科学家及散文家。他通过持之以恒地用科学方法思考及依靠观察而非权威学说获取真理的态度，成为现代科学的奠基人。他的《培根散文集》是英国文学中这一流派的典范，并被誉为英语散文发展的重要里程碑。他推崇科学、发展科学的进步思想和崇尚知识的进步口号，一直推动着社会的进步。他竭力倡导“读史使人明智；读诗使人灵秀；数学使人精密；哲理使人深刻。”他对近代科学的建立起了积极的推动作用，对人类哲学史、科学史都作出了重大贡献。

出生及家庭

1561年1月22日，伦敦临河街约克府的一个贵族家庭里人声鼎沸、热闹非凡，因为这家刚刚诞生了一个婴儿。孩子长得十分可爱，他的家人都十分高兴。这个婴儿就是后来鼎鼎大名的弗兰西斯·培根。

培根的家庭在政治、经济、宗教各方面都与英国新的秩序息息相关。培根的家族是由于亨利八世自上而下的宗教改革，分配寺院土地而起家的。培根的祖父曾经为伯利·圣·爱德蒙斯大寺院的僧侣担任管家。的僧侣担任管家。由于他的关系，培根的父亲尼古拉·培根才能够以俗家的出身进入剑桥大学，并参予政治活动。寺院解散后，尼古拉·培根购买的正是爱德蒙斯大寺院所属的几处庄园。尼古拉·培根也正是在宗教改革中把国家权力从僧侣手中夺到俗家出身的大臣手中的一员。

在伊丽莎白女王统治时期，英格兰文化达到了一个顶峰，涌现出了诸如莎士比亚、弗朗西斯·培根这样的著名人物。

尼古拉·培根也并非平庸之辈。他曾在剑桥大学攻读法律，担任过伊丽莎白女王的掌玺大臣，也是个知名的、有学问的、受人尊敬的大法官。他以智谋、干练、中庸、清廉得到了人们的拥戴。而且，在对待儿子的教育上，尼古拉·培根也是不遗余力。作为一个新贵族，他的许多思想都对小培根有着深远的影响。

一次，小培根在饭厅看见了一幅画，上面描绘着谷物女神席利斯在教导世人如何播种五谷的场面，画的下面还有一行题字："教育造成进步。"小培根不懂，就去问爸爸，尼古拉·培根耐心地向好奇的儿子解释了画的含义。虽然小培根当时年龄太小，仍不理解画的意思，但这幅画以及这句话却铭刻在他的心上。后来，培根一直热情倡导科学，讴歌发明创造给人类带来了巨大的利益。在《新工具》

中，培根还特别援引了卢克莱修的几行诗，表述了农业的发明对于人类物质文明具有第一次革命的意义。

培根的母亲安尼是当时有名的才女，她是尼古拉·培根的第二任妻子。安尼博学多才，精通希腊文和拉丁文。她是个加尔文教派的教徒，热心宗教改革事业，她和加尔文主义者有着密切关系。安尼为社会服务而翻译出版的那些著作既反映了她的才学；同时也反映了她的信仰和气质。因此，安德逊在对安尼评论时说："她在神学上是个加尔文主义者，在性癖上是个清教徒，在气质上是个'狂热者'，在学问上是接受各种学派的哲学、神学学说的思想家，……是当代的政治斗争的较为公正的观察员。"培根就是在这样一位母亲的抚育下成长的，她对培根的教育、宗教信仰等方面都有着重大的影响。

培根的亲戚中有很多显贵，这样的家庭环境对培根后来的从政有着很大的影响。图为他的姨父威廉·塞西尔·博莱伯爵，他是伊丽莎白女王在政治上最亲密的顾问。

培根的许多亲戚也都是当时的显贵。培根的姨父威廉·塞西尔·博莱伯爵是英国著名的贵族，其家族与皇室的密切联系从亨利七世时就开始了。博莱曾在剑桥大学和葛莱公会学习，在爱德华六世、玛丽王朝都曾作过官。伊丽莎白继承王位后，博莱是伊丽莎白枢密院里权力最大的成员，是伊丽莎白女王的财政大臣、国务秘书、首席部长，对伊丽莎白女王及整个王朝都有重大影响。博莱和他的儿子罗伯特·塞西尔也就是后来的萨里斯伯利伯爵，对培根的仕途都有很大的影响。

少年老成，胸怀大志

培根在幼年时就表现出了非凡的才能，他的老成持重和他的年龄非常不符。女王伊丽莎白就很喜欢他答问时少年老成的庄重态度和成熟的智慧，常称他为"小掌玺大臣"。据《培根传》的作者罗莱记载，有次女王问他的年龄，他虽然还是个孩子，却聪明地答道：他比女王的幸福朝代还小两岁。

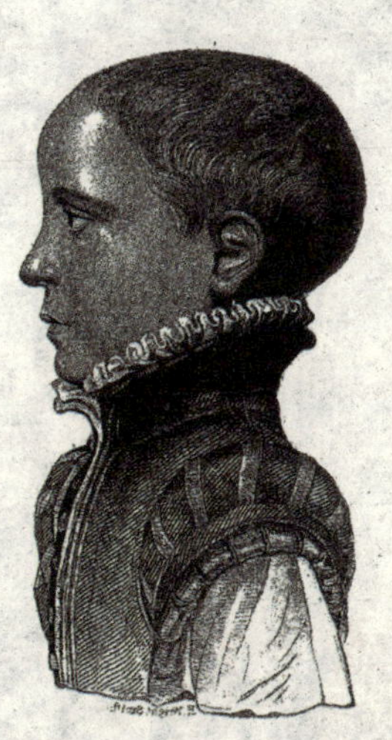

少年时的培根便已显露出过人的聪明才智。

培根受到语言、圣经、神学等教育后，于 1573 年进入剑桥大学三一学院，这也是他父亲就读过的大学，这一年培根刚刚 12 岁。这所著名的大学有着较为活泼的学习氛围，当时的非僧侣出身的国家大臣都是在剑桥造就的。而另一所著名大学——牛津大学却还保留着更多的封建气息。培

根的导师是当时很有学问的三一学院的院长怀特姬夫特博士，后来担任了坎特伯雷的大主教。

在当时的剑桥大学，学生们一般都需要主修辩证法、高级文法、修辞学、逻辑学。学校的导师们要求学生研究修辞学以及亚里士多德的著作，并鼓励学生阅读经院学者对亚里士多德、柏拉图学说的注释著作。学校还把用希腊语、拉丁语进行朗诵和进行形式的论辩作为公共的训练，这种论辩是由答辩者用演绎形式，对两个以上的对立意见加以论辩，每一步都要有明确的定义，并用三段论方法进行依次的论证。大学认为这是训练学生思维敏捷，并具有系统地、前后一贯地论述问题的技能的最好方法。

三一学院在学术成就上是剑桥所有学院中最顶尖的，也因拥有众多著名的毕业生而声名显赫。

书籍使人进步，在大学的图书馆里有着培根的身影，他不断地阅读，不断地学习。

培根在大学里读了大量的书，但又不是亦步亦趋。他对这些书籍和思想都有着自己独特的看法。他研究了许多柏拉图和亚里士多德的著作；从他们及其注释家的著作中，他获得了关于前苏格拉底哲学家的一些最初步的知识。然而，也正是在这两种不同哲学思想体系的对比中，他逐渐发觉自己更喜爱那些较为深入自然的早期哲学家的思想，而对于远离个别、富于争辩的亚里士多德哲学却越来越表示怀疑。

对于这一点，罗莱曾经写道："爵士曾对我说，当他 16 岁左右，在大学读书时期，他首先对亚里士多德的哲学愈来愈不满，这不是因为作者本人毫无足取，他对亚里士多德本人是给予很高评价的。他不满的是亚氏方法的毫无效果。爵士常对我说，作为一种哲学的亚里士多德的方法，只是富于辩驳和争论，却完全不能产生为人类生活谋福利的实践效果。他一直到死的时候都保持着这种看法。"从上面的记述中我们可以看出，上千年来一直被人们奉为经典的亚里士多德哲学在这个 16 岁的少年心目中已开始动摇，他的心里开始萌发了科学、哲学必须为人类生活实践服务的思想信念。这一信念支配着他一生的学术研究。

在剑桥学习了几年之后，培根很好地掌握了所学的知识，他在艺术和科学等几门课程的学习中获得了“精通和勤奋”的赞誉。此时的培根，意气风发，踌躇满志，觉得光明的前途就在眼前。

1576 年，培根作为英国驻法大使埃米阿斯·鲍莱爵士的随员到了法国。在法国两年多的使馆工作，除了使他在外交事务中得到锻炼外，还向他提供了观察大陆国家政治状况的机会。后来培根曾把他观察了解的结果写成了《欧洲政情记》。培根对巴黎有着深刻的印象，尤其是对当时巴黎成为一时风尚的那种学术沙龙——有各种人士参加，讨论一些新思想的经常而又非正式的聚会，他的印象极为深刻。32 年以后，培根的哲学著作《各家哲学的批判》采用的就是一个哲学家在集会上演说的形式写成的，而这个虚拟的集会地点就设在法国巴黎。

本该快乐享受人生的培根在父亲离开后，生活一度低迷下来，但是他通过自己的努力最终让自己的生活逐渐好起来。

【命运的转折】

正当美好的前景向培根招手时，一件突然发生的事却改变了培根的命运。1579 年，培根的父亲尼古拉·培根突然病故，培根只得中止了他在英国驻法大使馆的服务，奔父丧回国。失去父亲，让培根异常悲痛，而且随之而来的还有物质上的巨大损失。本来尼古拉很宠爱这个小儿子，正在特别储蓄着一大笔款项，准备购买相当可观的田产，作为培根日后生活的费用。可是，由于尼古拉的突然去世，这个计划告吹了。最后，作为 5 个儿子中的一个，培根仅仅继承了父亲遗产的五分之一。培根的经济状况突变，一下子陷于穷困之中。而且，由于家庭环境和本人性格的影响，过惯了奢华生活的培根又不能节省开支。所以此后，培根一直处于负债的境地。

培根回国后，即住到葛莱公会，一面学习研究法律，一面到处谋求职位。1582 年，通过考试，培根成为正式律师。1584 年，他被选为国会议员。在此后的几届国会选举中，培根一直连选连任。培根在国会和法庭上的辩才是非常著名的。人们每次听到他的演讲，都深深为之打动，甚至担心演讲会很快结束。

这期间，培根已怀有改革人类知识的大志，他在给位居财政大臣的博莱的求职信中，第一次把这个志向透露出来了。他说："最后，我承认，我在默想着一个巨大的目的，犹如我有一些平常的公民的目的一样，因为我已经把一切知识当做我研究的领域，如果我能从这个领域里把两种游民清除出去（一种人以轻浮的争辩、互相驳斥和废话，另一种人以盲目的试验、用耳闻的传说和欺骗的手段，造成了很多的损害），我认为我就能带来一些勤勉的观察、有根据的结论和有益处的发明与发现；这样，就是那个领域中最好的情况。这个希望，不管是好奇心也好，虚荣心也好，天性也好，或者（如果人们善意视之）仁慈也好，都已经深刻印入我的心中而不能忘怀了。"

培根在女王当政时期可谓是很不得志。艾塞克斯是伊丽莎白女王时期得力的大臣，他极力地向伊丽莎白女王推荐培根，可是女王还是没有重用培根。

我们可以看到，此时的培根较剑桥时的培根更成熟了，从对亚里士多德的怀疑、不满，进而发展到决心要把脱离实际、脱离自然的一切知识加以改革，而把经验观察、事实依据、实践效果引入认识论。这是一个伟大抱负，是后来他提出来的科学的"伟大的复兴"的重要目标，是他为之奋斗一生的哲学志向。

仕途坎坷

培根胸怀大志，又有杰出的才能，本以为很快就能在官场上大展宏图，可是事情却不像他想的那样。他多次谋求官职，都没有获得成功。

第一次求职是向他的姨母博莱夫人提出来的，但博莱夫人总认为自己的外甥过于自信而没有支持他的请求。接着培根就直接写信给他的姨父博莱伯爵，但博莱也以培根在行为上、性格上过于傲慢自大为由，而没有接受他的请求。为此，培根还专门向博莱解释："自大与傲慢这不是我的本性。"

培根还拜见和写信给国务秘书弗兰西斯·沃辛汉，最后求助到女王的宠臣艾塞克斯伯爵。艾塞克斯非常欣赏培根，他极力向女王推荐，但是也没有成功。1593 年，首席检察长的位置终于空出了。培根立即提出这个职位的请求，艾塞克斯表示支持他，培根自己也分别直接给女王、掌玺大臣、财政大臣写信恳求，甚至连培根的母亲安尼也为培根向博莱请求，可是，伊丽莎白女王和博莱最后以培根还过于年轻和缺乏经验为由加以拒绝。事实上，培根的父亲尼古拉·培根当年担任这个职位时才 21 岁，比培根此时的年龄还小 3 岁。培根在整个都铎王朝结束以前，都没有获得所请求的官爵，只是在 1596 年受命为女王的私人特别法律顾问。

培根在经历了诸多磨难后，复杂多变的生活经历丰富了他的阅历，随之而来的，他的思想成熟了，言论也变得深邃而富含哲理。

关于伊丽莎白女王明知培根有才华却不愿提拔他的原因，人们普遍认为这与培根在国会早期的活动中，站在民权方面反对增加津贴的著名讲话触怒了女王有很大的关系。原来，伊丽莎白女王为了对付西班牙，需要庞大的军事开支，于是就要求国会增加津贴比例，培根在国会辩论时，对此持反对态度。他说："穷人的地租不是土地所能生产出来的，通常都不可能当即交付那么多，绅士必须卖掉他们的镀金器皿，农民则卖掉他们的铁壶。"培根还认为，"现在要求增加巨额津贴，无疑是在王国的伤处再插上深针。"女王对此非常愤慨，认为培根冒犯了她。后来，培根在无奈之下向女王写信表达了自己的鲁莽和直率，但却仍未承认他说的话是错的。因此，伊丽莎白女王一直对他耿耿于怀，这也是他一直仕途不顺的原因。

时来运转

1603 年，伊丽莎白去世，其侄儿苏格兰王詹姆士六世继承王位，称

詹姆士一世同意了培根的请求，颁布命令去搜集各方面的知识。培根认为把大量事实搜集起来，他就可以解释自然界的所有现象。

1618年，培根担任詹姆士一世手下的大司法官，并被授予维鲁兰男爵的称号。

为詹姆士一世。当伊丽莎白女王还在世时，培根已经把希望寄托于新的王朝了。虽然培根和詹姆士一世有一些前嫌，不过詹姆士一向以自己的学问自傲，标榜自己是一个有学问的国王，敬重一切有学识的人。因此，培根对詹姆士还是满怀希望的。于是培根给那些接近国王、能影响国王的人大量发信联络，请求帮助，以求在新王朝中获得他在伊丽莎白女王时代未曾得到的官职。

经过大量的书信活动后，培根对自己的前景非常乐观。1603年，在詹姆士上台后的两个月，他给托比·马修写信时说，他认为游说活动的时代已过去，现在是接受的时代了，他发现自己如同从睡眠中觉醒的人。但这终归只是培根的一厢情愿，他最后也只是在1603年7月接受了詹姆士授予爵士的封号。此外，在当时，培根再没有从国王或国务秘书处接受到任何其他的东西，甚至他的名字在国王委任的顾问名单中也被勾掉了（次年，即1604年8月，培根才被委任为英王顾问）。培根感到非常失望，他在给西塞尔的信中说："看来我的雄心只能放在笔头上了。"在此期间，培根写了一篇带有自传性质的文章：《自然解释的序言》，也表示了这种情绪和意向。

在这篇文章里，培根讴歌了科学的发明创造。他认为发明者的成就与城市的创造者、国家的立法者、消灭了暴君的"人民之父"以及这一类的英雄们的功业相比，虽然不如他们的看起来辉煌，但却比他们只限于狭小地区、只存在于一个短暂时间来说，则是"到处都会被人感觉到，而且垂诸永久"。

培根一直认为，能创造出新的技术、新的才能、发现出新的足以改善人类生活的新物品，这是给予人类一切利益中之最伟大者。培根说："如果一个人能做到的不是作出某种特殊的发明，不管它是如何有用，而是在自然界燃起一线光明，这一道光将在它上升的过程中触及并且照亮一切围绕着我们现有的知识的边缘地区，然后在这样一点一点向前扩展的过程中，不久就可以把世界上最隐秘的东西揭露出来，使人们能看得见，我想那个人才真正是人类的恩人——是人类对宇宙的统治权的建立者，捍卫自由的战士，克服困难的英雄。"培根要提出的新哲学、新方法，就是要担负这样的使命。

培根对詹姆士一世的赞美使得他顺利地在宫廷中获得了较高的职位。

培根在文章中，还分析了自己的思维的特性，认为"自己最适于研究真理。"他还说，自己之所以要在宫廷中谋求尊贵的职位，是为了能有更大的权力帮助上述工作的开展。但因为求职的不顺畅，现在培根似乎要放弃走这曲折的途径了，但实际上培根并未完全放弃在宫廷中谋求职位的努力。后来，他直接给詹姆士一世写信，并在他出版的《论学术的进展》中，把书题献给詹姆士一世。在信和题献中，培根对詹姆士一世极尽谄媚之能事，把詹姆士一世吹捧为自古到今最伟大的君主。

在这里，我们可以看到培根品性中卑劣的一面，但培根对此也有自己的看法。他曾经公开声明，他对攀附奉承权贵的人并不鄙弃责难。因为他认为："这种服从强权、委曲求全的办法，我们万不能深恶痛绝，因为在表面看来，这种行为虽然不免卑鄙，但是考之实际，我们只应当看他们是服从情势，不是服从个人。"

詹姆士一世让培根从一个事业失败者成为一个政坛的成功者，并达到人生的一个辉煌点，这让培根非常感激。

不管后人是如何评价这件事，但当时的培根却因为这些谄媚之辞逐渐得到了詹姆士一世的重视。1603 年，也就是斯图亚特王朝的第一年，培根又为詹姆士一世写了《简论英格兰苏格兰王国的联合》。书中反映的这种"合并论"很快得到了詹姆士一世的欢心。詹姆士一世还于 1604 年 10 月加尊号为"大不列颠王"，据说这个尊号就是培根建议的。而培根关于处理英国教派之争的意见，也被詹姆士一世采纳了。培根作为国会议员在下院的支配能力，在上院、下院的调停能力，都深为詹姆士所赏识。所以，培根在仕途上，终于时来运转，官运亨通。

1607 年，培根被委任为副检察长，这是 20 年前伊丽莎白女王拒绝给他的位子。6 年后即 1613 年，他向往已久的检察长的职位也到手了。1616 年布莱克爵士退休，1617 年

培根像

培根又当上了掌玺大臣。1618年，官阶的最后一步，培根也终于升上去了，成为英格兰的大法官，同时被封为维鲁兰男爵；1620年，又被授封为圣阿尔本斯子爵。此时的培根，可以说是春风得意，一帆风顺了，但当时正值资产阶级和封建贵族斗争的前夕，夹在夹缝中的培根，是不可能一直处在仕途的巅峰的。

从巅峰到谷底

培根从逢迎詹姆士的旨意开始而爬上高位，也正因为如此他背离了资产阶级的利益，最后导致了自己政治生涯的终结。詹姆士一世来自没有议会民主的苏格兰，因此，他惯于把议会看做王权的敌人。他反对议会讨论他的内政、外交政策，他命令议会把国事托付给唯一有权掌握国事的国王枢密院。他声言，臣民辩论国王所做的任何事，等于煽动叛变。议会则断言：它有权自由讨论一切真正有关臣民及其权利或地位的事务。因此，1611年议会被解散。1614年的议会也因为批评詹姆士一世的政策未及办理任何事务就被解散了。此后，英国议会一直未曾召集，直到1621年，詹姆士因筹款艰难，不得不召集议会。然而这次议会头一个举动就是要求改革专利权法案，由于培根对待专利权的态度，议会在培根宿敌的鼓动下，要求弹劾大法官培根。

他们提出的理由是：培根在待决案件的诉讼当事人中接受了礼物。其实，在当时给予或接受这样的礼物是司空见惯的，人们也不觉得是什么贿赂，但现在培根却为此受到指控。所以，培根在给詹姆士一世的信里提出，这是为什么？他说他自认自己还不是一个无节制的忠告者，不是一个贪婪的民众的压迫者，也不是一个傲慢的、不能忍受的可恨的人。他说，他从父亲那里就没有承继下天生的憎恨，相反，倒是天生的善良的爱国者。既然如此，那么对他的这些打击是为什么？

但培根是一个聪明绝顶而又知道大局的人，他明白事情的背景和意义，因此，他还告诫詹姆士一世："现在打击你的大法官的人，恐怕将来也会这样打击你的王冠。"培根实质上是议会与王权斗争中的一个牺牲品。詹姆士一世自己也知道议会所追求的，是比惩罚贿赂更多的东西。因此，詹姆士在接到培根信后也曾为之奔走，亲自到议会去，要求议会停止对他的大法官正在进行的处理，或者希望能强烈地影响审判。他还要求建立一个经过他挑选的包括下院12人、上院6人的委员会来处理培根的案件，但都被议会拒绝了。上院强调他们有对罪犯审判的权威性。白金汉公爵则建议詹姆士一世索性解散国会，但詹姆士一世没有这样做。

当培根看到上院要把他的案子进行到底，并且很可能要判罪时，他于1621年4月21日致书国王，希望国王运用各种影响来帮助他。他将以认过、忏悔、并交出国玺来取代对他的起诉。他认为在全面忏悔的基础上交出国玺，这是400年来最严厉的惩罚了。

培根的信件于4月29日在上院宣读，白金汉公爵和查理士王子表示接受这忏悔，但舒桑顿则提出，培根是以受贿罪被控的，但在他的认过中却没有任何关于受贿的忏悔之辞。

1621 年 6 月，上院终于通过了对培根的宣判，并正式公报如下：圣阿尔本斯子爵、英国大法官须付罚金及赎金四万镑；圣阿尔本斯子爵须监禁于伦敦塔内以候王命；在国家或联邦中永不雇用、不得担任任何官职；不得任国会议员，不得进入宫廷范围内地区。

由于詹姆士一世的关照，培根在伦敦塔只关了两天就被释放了，罚款也被国王豁免了。为此，培根于 1621 年 6 月 4 日给国王写了一封信，感谢詹姆士一世给他自由，而且还说，国王在他的麻烦产生之初，曾为他的遭遇掉过泪，他希望今后国王仍继续给予他恩宠。他表示，活着就要为国王服务，否则生命就没有意义了。同一天，他也致函白金汉公爵，感激公爵使他获释；但同时却提出，除非他能继续为国王、为公爵服务，否则他的身体虽然出狱了，但精神却仍在牢狱中。

尽管在当时的培根看来，下台并非就是他的政治生涯的终结。因为过去，上至伊丽莎白一世、博莱，下至目前指控他的不少贵族，都曾因各种不同的原因在伦敦塔被监禁过，就是他的宿敌也曾被贬过，但后来不是都仍在重要的职位上吗？因此，在下台后的初期，培根仍曾努力寻找政治职位，但一直没有成功，他才全力转入历史及理论的著述活动，由此才真正开始了培根生命中最有价值的历程。

培根的政治人生在这样异常的审判中结束了，虽然他极力挽回，可还是失败了。

【投身科学的最后岁月】

培根被逐出官场之后，很快就从“身败名裂”的沉重打击中振作起来，迅速转向学术著述之路。在这期间，他写了一篇《论厄运》的文章，增补于他的《论说文集》中。可以说，这篇文章正是他自己这时期心态的真实写照。

后来，培根只用了几个月时间就完成了被后人称为“近代史学著作里程碑”的《亨利七世》，对于这部著作，格罗蒂斯·雨果和洛克都赞扬为富有哲学意味的史学著作的楷模。马克思在写作《资本论》时也曾多次援引它。同时，培根又着手写《亨利八世》，并写出了《大不列颠史》的大纲，同时又为《英格兰和苏格兰法律提要》的写作做了笔记。

我们可以看到，这时期培根撰写的都是政治历史方面的著作，原因可能和培根在受贿案宣判前，曾对詹姆士一

世许诺过要著述这些书有关。1621 年 4 月 21 日，培根上书詹姆士请求帮助使他免于起诉时，同时就提出："受贿赂的人也易于给人以贿赂，……假如陛下给予我安宁和闲暇，上帝给予我健康，我将献给国王一部好的英国历史,和你的法律的较好的提要。"

在仕途失意后，培根把自己的热情转移到学术研究上。这一时期的培根对哲学的研究热情高涨，尤其是《论厄运》分析周密严谨，见解深刻独到。

但是，培根更为热心的，还是他的哲学、他的"伟大的复兴"的宏伟计划。为了给百科全书，即科学与实验的历史作准备，他自觉地做了大量收集材料的工作，他在拉丁文本的《论学术的进展与价值》第 7 卷，给国王的献词中说过："至于我，我的最伟大的国王，我可以忠诚地说，不论在本书中或在我以后要发表的著作中，为了努力增进人类的利益，我将清醒地和有意识地把我的声名和才思(如果我真正有这种东西的话) 都抛在一旁；我也许更适于做一个哲学和科学方面的建造者；但是，我不惜做一个普通工人、挑夫、诸如此类的为大家需要的人；把许多非做不可，而别人由于天生的骄傲因而规避或拒绝做的事情亲自负担起来，亲自去执行。"以培根的地位和才智而自任"挑夫"的精神，确实值得我们敬佩。

不过，培根最后也正是牺牲在科学上。1626 年 3 月底，天气还很寒冷，培根坐车到伦敦北郊的海盖特。据曾当过培根秘书的托马斯·霍布斯说："当时地上的积雪，使培根突然产生一个念头，雪和盐可否一样能起到防腐的作用?他决定不失时机的立即做个冷冻防腐的试验，他下了车，到海盖特山脚下一个穷苦妇人的屋里，买了一只鸡，让妇人去除内脏，然后在鸡腔里塞满雪，勋爵自己也帮着去做。"突然，培根感到一阵寒战，他着凉了，无法回到葛莱公会的寓所，只好到阿伦德尔伯爵在海盖特的家。主人不在家，仆人们热心地接待了他，并把他安置在宅内最好的一张床上。可是这张床很久都没有使用过了,因此床的潮湿和冰凉，可能都加重了培根的病情。

一开始，培根还没有意识到病情的严重，还给阿伦德尔伯爵写了一封感谢信，兴奋地告诉伯爵，他的冷冻母鸡的试验大获成功。同时还把自己为科学真理而冒风险的举动，与老普林尼要在维苏威火山附近观看它的爆发的决心相比。他写道："我有着类似老普林尼的命运，由于企图要

老普林尼有着为科学而献身的伟大精神。他在一次观察维苏威火山喷发时，因为吸进了毒性火山气体而殉职。

做关于维苏威火山的实验而丧失了自己的生命。”后来，培根终于因为支气管炎而窒息，于1626年4月9日逝世，享年65岁。

培根不仅为了科学而献出了生命，而且在临去世时还念念不忘科学的发展事业。他在遗嘱中指明除把部分遗产留给他的管家仆人外，规定了一个总数作为大学设置自然哲学和科学讲座的基金，以及25个名额的学生奖学金。不过，培根在去世时，他的负债数额远远超过了他的财产数额，所以大学实际上并没有获得这笔捐赠。

【培根的著作】

1597年，培根发表了他的处女作《论说随笔文集》。他在书中把自己对社会的认识和思考，以及对人生的理解，浓缩成作品《论古人的智慧》中许多富有哲理的名言警句，受到人们的欢迎。

1605年，培根完成了两卷集《论学术的进展》，这是以知识为其研究对象的一部著作，是培根宣称要全面改革知识的宏大理想和计划的一部分。培根在书中猛烈地抨击了中世纪的蒙昧主义，论证了知识的巨大作用，提出了知识不能令人满意的现状及补救的办法。

1609年，在培根任副检察长时，他又出版了第三本著作《论古人的智慧》。他认为在远古时代，存在着人类最古老的智慧，可以通过对古代寓言故事的研究而发现失去的最古老的智慧。

培根原打算撰写一部六卷本百科全书式的著作--《伟大的复兴》，这是他要复兴科学、要对人类知识加以重新改造的巨著，但他最后没能完成预期的计划，只发行了前两部分，1620年出版的《新工具》是该书的第二部分。《新工具》是培根最重要的哲学著作，它提出了培根在近代所开创的经验认识原则和经验认识方法，这本书与亚里士多德的《工具篇》是相对立的。

大约在1623年，培根写成了《新大西岛》一书，这是一部尚未完成的乌托邦式的作品，由罗莱在他去世的第二年首次发表。作者在书中描绘了自己追求和向往的理想社会蓝图，设

来自弗兰西斯·培根著作中的摘录，翻译为英文的圣歌。

Alas (ſaid we) who can once force or frame,
His grieued and oppreſſed Heart to ſing
The Prayſes of Iehoua's glorious Name,
In baniſhment, under a forraine King?
In Sion is his Seat, and dwelling place,
Thence doth he ſhew the brightneſſe of his face.

计了一个称为“本色列”的国家，在这个国家里，科学主宰一切，这是培根毕生所倡导的科学的“伟大复兴”的思想信念的集中表现。

此外，培根在逝世后还留下了许多遗著，后来，由许多专家学者先后整理出版，包括《论事物的本性》《迷宫的线索》《各家哲学的批判》《自然界的大事》《论人类的知识》等等。

科学的前驱

毋庸置疑，培根对于科学的发展起到了很大的作用。虽然他并不是科学家，但他提倡科学，讴歌发明创造，并为科学研究提供了一系列方法论等，为科学的进步铺平了道路。

培根提倡科学革命，主张在大自然中探求科学，而不要迷信古人，对古人留下的知识，对“权威”的言论和著作，都应持批判的态度。对于前人尤其是大师们、权威们的批判，培根从不隐讳。在《新工具》的“破坏部分”结束后，他公开声言：“我们已经把一切作家都抛弃掉，我们不求助于任何古人，而只依赖于自己的力量。”

当然，他认为，如果他愿意不那么老实的话，那么他很容易为自己的学说找到一些权威的依据，他可以引证希腊以前的时代，或至少可以引证一部分的希腊人。就像一个无家可归的人，借着家谱，证明自己是古代贵族的后裔似的，这样既可以使自己的学说找到声援，又能得到声誉。但是，培根却说，他不走这条路，他不凭借于“权威”，他凭靠的只是事物的证据和真理。他断言“真理的发现只当求助于自然之光亮，而不追溯于黑暗的古代。”他要排斥任何虚构和骗术，反对对权威的迷信，他认为许多

弗朗西斯·培根的著作《伟大的复兴》书影。培根原本打算把《伟大的复兴》写成六卷本，但后来他没有能完成预期的计划，只发行了前两部分。

培根被马克思称为“英国唯物主义和整个现代实验科学的真正始祖。”他的一生在逻辑学、美学、教育学方面也提出许多思想，可他的科学方法观到19世纪由于地质学和生物学中进化论的发展才受到人们的重视，这也是他生前的遗憾吧！

人的心思精力只消耗在少数人的意见上，把自己的判断只作为保存他人的判断之用，使人们的智慧完全锁闭在几个作家的洞窟内，这正是使科学不能得到长足进步的重要原因。

培根还宣称，要以人类知识为研究领域，这个范围是很宽广的，它既包括了传统的认识论问题，诸如认识的主体与认识客体的关系、认识的起源、认识的过程、认识的方法、认识的真理性准绳等问题；同时也讨论了作为认识过程的结果而产生的科学知识本身的问题即科学知识的结构、分类，科学知识的价值和社会功能、科学知识生产的组织管理等问题。后者正是今天科学学讨论的问题。实质上，这同样也是后于认识论范围内加以研究和讨论的问题。

近几十年来，在科学哲学中还专门分出一门新兴的科学学，也就是以后者为对象和课题。当然，科学学是20世纪现代科学技术的产物，它是在人类科学已形成一个严密的、完整的体系，各学科的内部联系已开始呈现，科学运动规律的不断揭示等情况下产生的。然而，就在科学产生的早期，一些先进的思想家们也鲜明地以科学知识作为自己研究的对象，以科学知识发展中的认识论问题作为自己终生研究的课题。培根也是这样的先进思想家之一，他对知识进行了广泛地研究，调查了知识的过去与当下的状况，研究了知识的可能、知识的结构、分类，探索了知识发展的规律，寻求知识的最佳管理方法等。事实上，现在科学学的很多研究课题，培根在科学发展的早期就注意到了。因此，我们完全可以说，培根也是科学学的先驱。

【对传统哲学的批判与继承】

培根一直把哲学的批判摆在他的哲学体系的重要位置上，这是同他的“科学革命”思想紧密相连的。诚然，培根并不认为破了就能立；相反，他认为人的理性并不象黑板那样，把旧的抹掉，新的就可以写上去。他认为，在人的理性中，只有新的东西建立起来，旧的才可能真正被驱

除掉。然而，培根强调的是，不能把新事物附加或接生在旧事物之上，一切必须重打基础，否则，所获得的进步只能是卑微而不足道的。为此，培根把对旧的传统哲学的批判列为《伟大的复兴》的“破坏部分”，认为只有经过了这种破坏，才可以进入他的与传统完全异趣的、崭新的“自然的解释”的讨论。他早年的《时代勇敢的产儿》《各家哲学的批判》《几种想法与几条结论》等著作中，就是以此为中心内容的。在此后的《论学术的进展》中，特别是《新工具》中，差不多都用一卷的篇幅来做这种哲学的批判工作。

尽管培根说过，他“把一切作家都抛弃了”，但我们从他的著述中看到，实际上他从古代、当代都继承、吸取了许多的思想资料。而且就在他的理论著述中，也直接论及到对传统应有的继承与借鉴的问题。

培根的《新工具论》，是近代欧洲哲学中关于科学的认识理论和方法的重要著作，它奠定了近代归纳逻辑的基础。它阐明的经验认识原则，开近代唯物主义经验论的先河。

总之，在批判与继承的关系上，培根认为既要学习，又要批判，他引证了古代的两句格言：“在学习的时候，应当十分信从”，“学习以后还应当加以判断。”他认为，两者相辅而行就对了。即弟子们对于老师，在充分受教以前，应当暂时信从，把自己的判断暂时搁置，但不应绝对后退，永远降服。他认为人们只应当让权威、名作家得其相当的敬仰好了，时间才真正是作家的作家。培根很赞赏并多次援引了奥卢斯·吉利厄斯的《雅典之夜》中的话：“真理是时间的女儿，并不是权威的女儿”。应该说，培根对待批判与继承的态度是与人类认识的发展规律相吻合的。

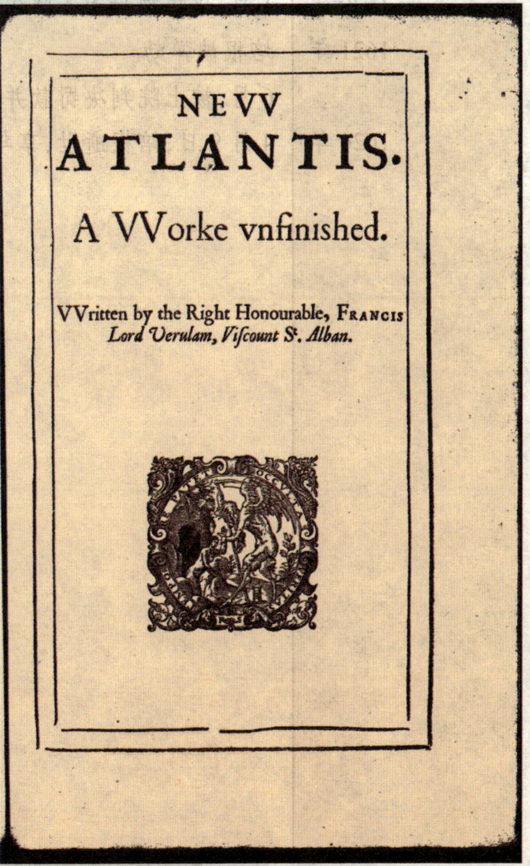
NEVV ATLANTIS.

A VVorke vnfinished.

VVritten by the Right Honourable, FRANCIS Lord Verulam, Viscount S^t. Alban.

弗兰西斯·培根是近代哲学史上首先提出经验论原则的哲学家。他重视感觉经验和归纳逻辑在认识过程中的作用，开创了以经验为手段，研究感性自然的经验哲学的新时代，对近代科学的建立起了积极的推动作用，对人类哲学史、科学史都做出了重大的历史贡献。为此，罗素尊称培根是“给科学研究程序进行逻辑组织化的先驱”。

大事年表

1561 年	1 月 22 日，培根出生于伦敦临河街约克府。
1573 年	4 月，培根进入剑桥大学三一学院学习。
1582 年	6 月，培根通过考试成为正式律师。
1594 年	7 月，培根获剑桥大学硕士学位。
1596 年	任伊丽莎白女王的私人法律顾问。
1603 年	7 月，培根被詹姆士一世封为爵士。
1607 年	6 月，培根任副检察长。
1613 年	10 月，培根任检察长。
1618 年	1 月，培根任大法官。
1620 年	1 月，培根被封为圣阿尔本斯子爵。
1621 年	培根被弹劾。
	6 月，被上院判决罚款并被囚禁于伦敦塔。
1626 年	4 月 9 日，培根逝世，享年 65 岁。

康德

Immanuel Kant

提起康德,人们就会想到他那深奥抽象的哲学,他那像时钟一样刻板的生活。这就是一般人对这位大哲学家的印象。但事实上，康德的生活远远不像人们所想象的那样单调枯燥。他热爱美食，喜欢参加朋友的聚会，并不把自己封闭在世界的一隅。

但康德毕竟是一位伟大的哲学家，他是启蒙运动时期最重要的思想家之一,德国古典哲学创始人。康德终生没有离开过哥尼斯堡，但他的思想却影响了世界资产阶级革命。虽然康德使用的是批判哲学,他本人却建立起一套完整的哲学理论。

【不出色的学生】

1724年的4月22日，伊曼纽尔·康德诞生于哥尼斯堡。他的父亲是当地的一位马具师，母亲则是另一位马具师的女儿。康德的父亲和大部分的技匠一样，在自己的家里有工作室。虽然马具师的行会阶层不高，但他们毕竟是行会系统的一部分。作为这个族群的一分子，康德一家或许不算富裕，但生活还算舒适。

1732年的秋天，年仅8岁的康德进入腓特烈中学学习。腓特烈中学大部分的学生在学校里寄宿，但也有些学生允许与父母同住，康德便是一例，虽然他必须长途跋涉徒步往返。学校里的课程排得很紧，所以康德整天都在应付学

哥尼斯堡是哲学家伊曼纽尔·康德的出生地，这里曾是德国文化中心之一。

校的功课。第一堂课在早上 7 点开始，放学时间是下午 4 点，午餐的休息则是从 11 点到下午 1 点，每周固定上课六天，从星期一到星期六。假日相当少，包括复活节、圣灵降临节与圣诞节，再加上公定考试的次日。因此，康德每个礼拜有 6 天的时间都不在家，回家后还得花很长的时间做功课。即使在星期天，他也不会有太多自己的时间，因为他必须上教堂，然后还得上主日课。直到他在 17 岁到哥尼斯堡大学就读后，这个长期的束缚才得到解除。

在这一时期，康德最热衷的是古典语言。康德最喜欢的老师，就是他的拉丁文教师海登赖希。康德虽然对其他的老师一般不予置评，但直到晚年却还是非常敬重海登赖希的。这个“好”人不仅培养了康德对古典拉丁文学的爱好，同时也为他提供了丰富的古典时期的知识。康德尤其感谢他教导自己学习清晰的思考。当康德后来抱怨学校应该看重作者的“精神”而非“辞藻”时，他的批评对象当然不是海登赖希。这个老师相当接近康德心目中的理想，受其影响，康德与他的朋友们甚至在课外阅读拉丁文著作。

阿尔布雷希特的雕塑。1544 年，第一代普鲁士公爵阿尔布雷希特建立了哥尼斯堡大学，哥尼斯堡逐渐成为教育的中心。

但学校的氛围仍然不是那么活跃的。校长席费尔特说过：“复习为学习的灵魂，以便使学过的不再忘记。”他们每周都有固定的复习课，而每堂课一开始都是复习上过的内容。考试前的三周，还会复习一次半年来所学的内容。席费尔特相信同样的事物重复三次之后，“将牢牢地印在脑中。”或许他的说法没错，但这个方法显然很难为教室带来蓬勃的生气。康德本人在晚年则赞同这样的做法，他认为“记忆力的培养是必要的，而我们所知的便是我们的记忆的全部”。此外，针对字汇或类似的学习内容，他也不反对死记硬背。然而他同时相信“理解能力也应该重视”，同时“知其然”应该渐次地与“知其所以然”接轨，而数学在这方面便是最好的训练，然而腓特烈中学的数学教学不尽理想，可以确定的是，康德并不认为它在理解能力的提升上有杰出的表现。

在上中学期间，康德的母亲不幸逝世。她在他毕业的三年前过世，从此以后，他与兄弟姊妹们只有父亲可以依靠。除了学校的“沉滞气氛”以外，现在又加上家中忧伤的色调，所以康德不太愿意回想他在腓特烈中学的日子。毕业时，康德以优秀的成绩取得就读神学系、法律系、哲学系与古典学系的资格。虽然他也不排斥医学或自然科学，但他在这方面的基础不够，同时校方也不会支持他走这个路线；另一方面，腓特烈中学为他做好了踏入普鲁士社会的准备。不管他将来在路德教会发展或是在腓特烈·威廉一世统治下的普鲁士任公职，都已奠定了良好的基础。

学校的教育改变了康德的宗教态度，他从此开始一生都对宗教祈祷和教堂唱诗反感。也是因为学校的教育，他开始怀疑建立在感觉与感受上的宗教。

大学生与家庭教师

进入哥尼斯堡大学以后，康德的生活彻底改观。在以前的学校生活里，他的一切活动都受到严格的控制。进了大学之后，他第一次体验到可以钻研任何感兴趣主题的自由，并且可以随心所欲支配自己的时间，再也没有人规定他在什么时候做什么事情，再也没有人可以强迫他在自己的灵魂深处探索罪恶。现在他完全自立了。他离开了父亲，但没有住进为穷学生所设的供膳食的宿舍。他为自己找到了落脚的地方。

上大学之后，康德的兴趣从古典文学逐渐转向了哲学。因为家境不太富裕，所以康德还为其他学生做课外辅导。但是，他并不是那么看重金钱，他更重视的是友谊。接受康德辅导的学生有时会回赠他咖啡或者白面包，有个学生还为他提供免费的住宿，康德的舅舅有时也会给他一定的帮助。

父亲去世两年后，康德衣食无托，前途渺茫。由于大学没有他的位置，他决定到哥尼斯堡附近的小城镇去做家庭教师。

和别的同学不同的是，康德既不喝酒也不打架。他很看重学业，不喜欢热闹，很多人都觉得康德外表严肃，不苟言笑。他虽然有幽默感，但不是其他学生所习惯的那一种。他十分欣赏哲学作品里的幽默，但他的笑话对大部分的同学来说都过于难以捉摸，而且他性格木讷，突然的大笑与意外的促狭都不符合他的天性。甚至到了晚年，他的幽默依然是“干”的，他的玩笑很难懂，而且是板着脸贡献出来的。在当学生的时候，康德似乎已把自制看做是最高的德行。但康德也不是一个只知道学习不懂娱乐的人。他经常和朋友打台球，而且打得一手好牌。

1744 年，康德完成了《论对活力的正确评价》。在康德的这部作品里，处理的是 18 世纪早期德国自然哲学的核心的争议，以及关于力的测量的难题。在这本书里，康德表现出了日趋独立的思想意识。

在康德晚年的时候，他曾回忆说，自己从年轻时代就开始尝试成为自主的、独立的人，不为别人而活，而是为自己和自己的责任。

在这一年年底，康德的父亲中风病倒了。一年半后，父亲由于器官衰竭而死。此后，康德的生活完全改变了。当时他的姐姐 25 岁，两个妹妹分别是 17 岁与 14 岁，最小的弟弟只有 9 岁。他的两个姐妹大概已离开了家庭，在别人家帮佣，因此家里只有最小的妹妹与弟弟。由于康德是家里的长子，因此整个家庭的重担突然落在他的肩上，求学的自由因而受到了很大的影响。

为了扛起家庭的重担，康德选择离开哥尼斯堡，到乡下去当家庭教师。虽然康德与雇主的关系很好，大家都很喜欢他，但康德却总是认为自己是有史以来最差的家庭教师。

在当家教的这段日子里，康德不仅磨炼了上流社会的应对技巧，还继续了自己的研究工作。他在这个时期为以后的一些著作列了大纲，还完成了一些草稿。同时，他也一直没有放弃其学院公民的资格，想有朝一日重回哥尼斯堡大学。

1755 年，康德终于又回到了哥尼斯堡开始准备他的毕业论文，着手进行第二部德文著作，同时也开始撰写一些短论。他不在的时间里，大学发生了一些改变。康德的一些同学已争取到了重要的职位，其他人则在大学之外找到了栖身之处，或者离开了哥尼斯堡另求发展。

康德则一心一意要在他的母校找到工作。这一年他在《哥尼斯堡问讯报》的周报上发表了两篇论文。第一篇题目是《对一个问题的研究，地球是否由于自转而发生过某种变化》，试图解答柏林科学院公开征奖的问题。在康德决定要将这篇论文付印时，他并不知道这件事情。康德自认他的文章在技术上并没有达到得奖的水准，因为他把问题局限在物理学的范围内。值得注意的是，他利用这篇论文预告了即将问世的新书，标题是《宇宙论或根据牛顿理论试论宇宙的结构、星体的形成和它们按物质运动一般规律运动的原因》。

与此同时，康德也开始撰写新书《自然通史与天体理论，或根据牛顿原理试论整个宇宙的结构及其机械起源》，但这本书并没有获得成功。

柏林科学院的公开征奖让康德很感兴趣，可是他认为自己的这篇论文并没有资格获奖，因为这篇论文讨论的是物理学的问题。

硕士生涯

在攻读硕士期间，康德不再是一个默默无闻的学生了。1755年4月17日，康德在哲学系交出他的硕士毕业论文，题目是《简述几个关于火的思考》，该论文不过是申论特斯科若干没有争议的观点。相关的手续费由舅舅里希特为他付清。四个星期以后，进行公开的考试，6月12日，康德取得硕士学位。在典礼上非同寻常地聚集了当地的要人与学者，而且礼堂中静穆的气氛显示了这位硕士多么受到礼遇。很多教授与学者都对康德寄予厚望，认为他将来大有前途。

为了取得在大学的执教资格，康德又写了另一篇论文，在这部作品里，他尝试回答以下的问题：真理的可能性的根本基础是什么?或者，什么是使其他事物为真的前提?康德探讨了莱布尼茨与沃尔夫的两个最重要的原理，即矛盾律与充足理由律，并且怀疑它们是否即为真正的基础。前者宣称同样的事物不可能同时既存在又不存在，因此只能用来定义“不可能的东西”，是属于同一律的一部分。事实上，如果同一律的确是“一个”原理的话，那么它会是根本的原理。但康德主张，同一律本身实则已包含了两个原理：其一是“凡存在者皆存在”，是肯定性的真理；其二是“凡不存在者皆不存在”，是否定性的真理；但回过头来看，矛盾律就其不可化约性与必然性而言，仍是个基本原理，虽然它并不是第一原理。

康德想提出自己的新系统——实体之间的普遍关系的系统。它同时可以采纳物理影响论和预定和谐论的长处，但是不能和它们混为一谈。这篇论文因而是关于“活力”的著作的延续。康德试图以此证明，因果作用作为实体间的外在关系，与实体“内在的”或者基于内在原理的变化可以兼容。因果作用代表机械性的“死力”，内在变化代表“活力”，但两者最终的源头都是上帝，而且上帝使它们维持和谐。

在这部作品里，康德勾勒出《活力》里的折中系统的形而上学根基。他想要克服“粗糙的物理影响论”与莱布尼茨观点的缺失。康德谈到的和谐不是“预定”的，而是

莱布尼茨是德国最重要的自然科学家、数学家、物理学家、历史学家和哲学家，一位举世罕见的科学天才。

莱布尼茨的《单子论》。本文是莱布尼茨把自己在许多哲学著作中所阐述的主要观点高度浓缩的作品，篇幅虽短但内容丰富。

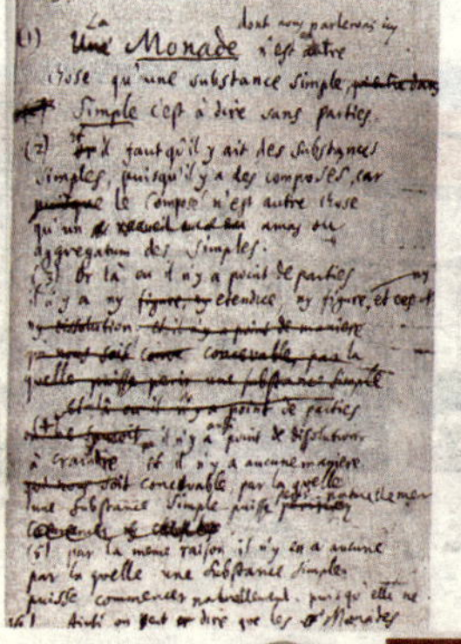

产生于"事物之间的相互关联"。另一方面，康德也认为他的系统与信仰没有冲突。

有了硕士学位和讲师资格，康德终于可以在大学开课了。大学没有付他薪水，他必须靠学生支付的钟点费过活，他的收入多寡以及生活条件如何，完全得看他能吸引多少学生。这种维持生活的方式并不轻松，许多其他的讲师必须兼职来补贴微薄的收入。讲师的讲课与讨论课并不是在大学的讲堂里进行，而是在私人拥有的或租来的讲堂里。

尽管康德自认为不是一个优秀的教师，但康德教过的学生对他的口碑都不错。在做家庭教师期间，康德还继续着他的哲学思考，并发表了第一本著作——《关于生命力的真实估计之思考》。

康德的课非常受学生欢迎，他的课活泼有趣，但又不低俗。他不喜欢按部就班，也不希望学生只会做笔记。康德提倡的是独立思考，而不是亦步亦趋。为了多挣一些钱，康德开的课越来越多。但即便如此，在最初的几年里，他还是过着拮据的生活，总是穿着一件外套，有时还得卖掉一些藏书。

几年之后，康德的生活渐渐好起来了。虽然他几次申请教授职位都没有成功，但他过着优雅的生活，参加上流社会的派对，十分惬意。不过，在婚姻问题上，康德始终犹豫不决。曾有一位漂亮的寡妇和一位女子出现在康德的生活中，但康德最后也没有向她们中的任何人求婚。他后来自嘲说，自己在需要女人的时候养不起，养得起的时候已经不需要了。这折射出了当时很多学者的尴尬处境，他们中的很多人因为经济条件不得不过独身生活。

在这段时间里，康德有几部比较重要的著作问世，其中最重要的是《证明上帝存在的唯一可能的证据》。在这本书里，康德尝试证明，物理一神学论证和设计论证的上帝存在证明是不充分的，那最多只能证明上帝是个工匠，但不能证明上帝是物质本身的创造者。他同时也驳斥笛卡尔与沃尔夫以"上帝"的概念本身去推论出其存在。康德说："此处要探究的是，'某物是可能的'是否预设'某物存在'，如果没有那个存在，则内在的可能性就不会发生，那样的存在是否包含了我们置于'上帝'概念的那些属性。"康德的答案是肯定的："万物的内在可能性皆预设某种存在。"据此，最终必定有个东西，如果它不存在，就会撤销一切内在的可能性，那是个必然的东西。

康德接下来尝试证明，这个必然的东西必定拥有我们归属于上帝的一切属性。因此，上帝必然存在。康德的论

证在先验的步骤以后，接着有后验的步骤，旨在证明绝对必然的东西的必然性。他认为，物质本身包含着能够产生秩序井然的宇宙的各种原理，据此我们可以推论出上帝作为“最高存在者”的概念。康德糅合本体论论证与“净化的”物理神学论证，提出了独特的论证方式。

【新性格的形成】

康德到了40岁，性格有了很大的改变。在1764—1765年间，康德结交了新朋友。在他的新朋友当中，最重要的非格林莫属。格林是个英国商人，与康德一样是单身汉，但他的生活与当时的康德完全不同。格林的性格很罕见，他以正直不阿且品行高贵著称，但有许多奇特的习惯，遵循着一成不变而且让人莫名其妙的生活规则。根据一个观察者的说法，他与其说是个商人，不如说是个学者，他的教养也当然比一般商人高得多。康德和格林的交往后来变得十分密切，这对康德的性格变化有非常大的影响，使他从一个生活不规律的人变成了一个很有原则的人。

卡尔·莱昂哈德·赖因霍尔德，率先推广康德哲学的人。虽然他与康德素未谋面，却把康德的名字当做最理想的概念。

由于生活困窘，1766年，康德到一个图书馆去任职，以补贴家用。这个图书馆每周有两次开放时间，分别是星期三和星期六的下午一点到四点。康德与他的上司必须把所有的藏书重新整理一遍，并且一一核对目录，那本身就是个繁复而且耗费精神的工作，但更令人难以忍受的是，这个图书馆在冬天没有暖气。所以，康德在大半年里每个星期当中有6个小时必须呆在阴暗的空间里，手被冻僵了，墨汁也结冰了，既不能读书也不能写字。即使在哥尼斯堡漫长的冬天里没有什么人来，他也必须坚守岗位，但是，这笔收入确实改善了他的生活。

1766年，康德搬到了出版商康特尔的大房子里。康特尔的房子有客房、康德与其他教授的讲堂，还有给学生住的房间。他自己的书店也在这里。当时，哥尼斯堡的知识分子把这里当做文化的重镇和聚会的地点，住在康特尔的房子里，对康德而言，还有其他好处，例如他可以借出所有他想要的书，带回自己的房间；有时候他在一本书印刷之前就可以读到手稿，而且可以对文献的最新发展以及社会的新话题了如指掌。当然，康德还得继续他的授课工作。

他教学生如何思考，不认为自己是在教系统性的哲学。

在这一时期里，康德的哲学思想正在发生着变化，开始受经验主义的影响，但内在核心始终是理性主义。康德不仅怀疑其他人的哲学理论，也怀疑自己的尝试，承认他自己还能找到可以接受为真理的观点。他曾在一封信中说：“我着眼于认识人类的天赋和倾向的真正目的与界限。我相信在道德的领域里，我终于有一些进展。现在我正在着手一部道德形而上学。我相信可以指出明显且有开创性的原理，以及应该采取的方法。到目前为止，理当可行却一直没有结果的努力如果将来要有进展的话，就必须依循在此开展出来的知识。”康德从来就不是一个真正的怀疑主义者，但他对自己的思想探险的确有某些怀疑。

【宁静致远】

1770年，康德企盼的在哥尼斯堡晋升的机会近了。这一年的3月15日，数学教授朗汉森去世了。康德在写于3月16日的信里向柏林提出了他的请求。他要的却不是朗汉森空出来的教职，他的建议是交换教席。当时原本是克里斯蒂安尼要接受这个空缺，他教授道德哲学与数学，也是朗汉森的女婿。康德的另一个理由是，传统上数学教授同时要担任腓特烈中学的督察，而克里斯蒂安尼是最有资格的人。由于这个职位待遇优厚，而且配有学校的免费宿舍，克里斯蒂安尼应该会有兴趣。康德自己则没有兴趣，如果他与克里斯蒂安尼交换教席不可行，则他另外建议和布克教授交换。布克是逻辑与形而上学的教授，也是数学副教授。

摩西·门德尔松是著名的犹太哲学家，是康德在文学圈中的朋友与支持者。康德十分看重门德尔松，也十分重视与他的通信。

3月31日，也就是康德的请求提出十五天之后，学校宣布聘任他担任逻辑与形而上学的正教授。康德终于得到了自1755年以来便梦寐以求的教席。布克很不高兴，康德和普鲁士当局显然都不曾咨询他的意见。康德完全无视布克的存在，弃礼节和道德感于不顾。或许是因为他认为在1759年获聘的人应该是他，而不是布克，而现在的布克只是得到报应而已。

在18世纪60年代末期，康德也开始讲授新的主题，其中之一便是“自然法”，他在1767年便开了这方面的课，虽

约翰·戈特利布·赫尔德于18世纪60年代初期受教于康德，受哈曼与康德同样的影响，并成了狂飙运动中最重要的作家之一，对德国前浪漫主义的思想家有深远的影响。在康德匿名写文章严厉批评他的著作《关于人类历史哲学的思想》之后，赫尔德便转而反对他的老师。

然不是很有规律性。另一个新的题目是“哲学百科暨哲学简史”。在他升任教授之后，他开始教他真正喜欢的课，像人类学、理性神学。特别是人类学课尤为重要，成了他所有课程当中最简单的。他的逻辑与形而上学课令学生又敬又怕，而人类学课则受到广泛的欢迎。

因为教授的薪水还比较丰厚，所以康德在1772年辞掉了图书馆员的工作。当上教授的康德虽然不必再上那么多课了，但他又有了新的义务——开设讲演课。这些讲演课不仅在内容上有规定，而且时间也是固定的。康德必须在上午7点开始讲课，而早起对康德来说并不是一件容易的事。我们可以说，康德生活的规律性有一部分是因为政府的规定，早起并不是他自己的选择，而是因为公务。

1776年的下学期，康德首次担任哲学系的系主任。在哥尼斯堡大学里，哲学系系主任的职位必须由正教授轮流担任。康德任此职有6年之久，作为一个系主任，他同时也是教务与行政的大学评议会的一员，评议会也是大学中对包括所有学院市民及其家庭成员纠纷的仲裁机构。系主任的另外一项工作是入学考试，人数在70到80人之间。有些同事指责他的考试不够严格，只要学生不是“完全的无知”，他就放行。他也没有像其他同事一样限制学生的自由，因为他认为，长在外面的树比在温室里人工培植的树更有生长力而且果实更丰硕。

《纯粹理性批判》

从1772年开始，康德就在构思一种纯粹的理性批判，但直到1781年，三大批判之一的《纯粹理性批判》才完成。这本书出版后不久，就有人批评使用的是怪异的新语言，使人根本无法理解他的哲学。康德也承认自己所用的语言有些难懂。在《纯粹理性批判》里，康德关切的不再是如何保持知性认知的纯粹性，而是证明知性的认知必须与感性认知相关才有可能，而感性认知也必须以知性认知为成立的条件。

【道德形而上学】

1783年12月30日，一直赁屋而居的康德，终于买了一幢自己的房子。因为当一个房客，他偶尔必须搬家，至于是什么时候或是什么理由，都不是他自己所能决定的，这使他觉得很没有安全感。在59岁的时候，康德终于决定要有所改变。康德在知识的层面有了自律性以后，现在也希望能在具体生活的层面得到自律性，而且时候已经到了，因为再过不久他便是个老人了。康德也是在为自己的晚年未雨绸缪。

马库斯·赫兹是康德最重要的学生之一，在康德就职论文答辩时担任他的答辩人。他于1770年移居柏林，以后成了康德重要的通信对象。赫兹在柏林是个执业医师，并且在当地讲授康德哲学，使重要的政府官员对于康德很有好感。

1784年5月22日，康德终于搬进了新家。这座房子虽然靠近监狱，有时候会听到犯人们嘈杂的声音，但总的来说还是比较宁静祥和的。家里的陈设简单而优雅，因为康德不喜欢太过奢华的格调。在他的房间里只挂着一幅卢梭的画像，而书房的墙壁都被他的烟斗、煤炉和油灯熏得乌黑。

康德的生活是十分规律的，他每天下午都要去拜访老朋友格林。他们在休息之后，会谈到晚上7点。这时候，谈话会准时结束。星期六他们则会待到晚上9点。康德的日程几乎都是如此：凌晨5点起床，喝过茶，抽过烟斗之后，开始准备上课的内容；上完课以后，康德撰写自己的新作直到12点，然后穿戴整齐外出用餐，接下来与他的朋友一起度过下午，谈论一切话题，在晚上又进行了阅读和其他的工作，然后上床休息。但康德不像大家所想象的那样是枯燥的、闭塞的。事实上，他是个喜欢社交的人，非常喜爱和朋友来往。

1785年4月，康德的又一部著作《道德形而上学基础》出版了。《道德形而上学基础》是一本令人印象深刻的书。它的运笔有力，表现了康德最好的一面。它是康德的第一部处理道德哲学或伦理学的专著。在此之前，不管他的作品带有多么强烈的道德色彩，总是被放置在更大的形而上学脉络里。该书有一篇简短的前言，三个主要部分以及一个短短的结语。虽然它前后只有60页左右，却可能是康德最有影响力的作品。前言从哲学在古代被划分成物理学、伦理学与逻辑谈起。康德认为，从某些目的来衡量，这种划

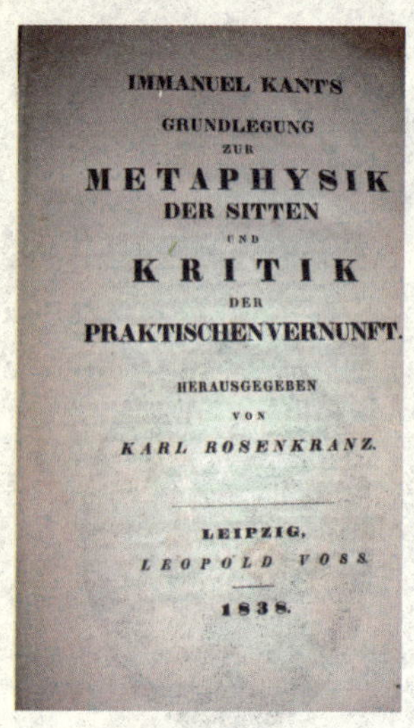
IMMANUEL KANT'S
GRUNDLEGUNG
ZUR
METAPHYSIK
DER SITTEN
UND
KRITIK
DER
PRAKTISCHEN VERNUNFT.
HERAUSGEGEBEN
VON
KARL ROSENKRANZ.
LEIPZIG,
LEOPOLD VOSS.
1838.

1788 年初:《实践理性批判》

分“剪裁得宜”，但也模糊了“形式科学”与“内容科学”这个更重要的区别。

康德的理论展开分成两个步骤，第一步是分析，第二步是综合。在分析的部分，他分析了道德最高原理的一般概念，定义其本质和来源。第一节“从一般的道德理性知识过渡到哲学的道德理性知识”，其核心概念为“善的意志”。康德主张，善的意志之所以为善，不是因为其结果，或者得到预想的目标，而只是因为它本身的意向。事实上，“善的意志”是唯一无条件的善。

为了解释善的意志是什么意思，康德区别了出于义务的行为与合于义务的行为。他似乎认为义务是“善的意志”所意欲的。我们许多的行为虽然符合“善的意志”所意欲的，仍然不值得道德的肯定，因为其动机产生于其他的企图。我们会这样做，不是因为义务使然，而是因为该行为刚好符合我们的利益。因此这种行为虽然与义务相符，却不是出自于义务。

事实上，我们必须基本上承认，我们大部分的行为只是合于义务而不是出于义务。在我们的行为当中，我们永远可能、而且经常的确有自利的动机。例如我们之所以会诚实，不完全只是因为它永远是对的，而是因为诚实是最好的策略，或者是因为我们完全“喜欢”诚实，所以一个商店的主人尽管童叟无欺或者不占外地人的便宜，他这样做可能不是因为他的道德信念，而是因为他了解到，长远来看，他的行为对他有利。当我们救济贫病的时候，或许只是因为这样做使我们觉得很快乐或者希望别人效法。对康德而言，这些都不能算是真正的道德动机。由于我们的行为经常与私利纠缠不清，所以很有可能其实没有做过什么道德行为，但这并不表示我们不应该往这个方向努力。

在康德的《道德形而上学基础》一书中，他试图为道德形而上学奠基，从而为道德命令的实施提供理论基础。图为为纪念康德的贡献而发行的邮票。

在《道德形而上学基础》的第二节里，康德接着主张，虽然我们不能“毫无疑问地”断定一个行为是否完全出于义务，但不容怀疑的是，只有出自义务的行为才有道德价值，只有认清这点的纯粹道德哲学，才能掌握道德的精髓。

1788 年，康德的《实践理性批判》终于问世了。第二批判的轮廓与第一批判大致相同。第一部题为《纯粹实践理性要素论》，辅以简短的《纯粹实践理性方法论》，第一部分又分为分析论与辩证论，其中同样包含了演绎论、范型论以及二律背反。不过第二批判，特别是它的分析论，与《自然科学的形而上学基础》采取的数学方法也有共同的特性。我们可以在其中发现定义、定理与难题、经验性观察，虽然演绎似乎被证明取代。我们很难判定这样的划分与处理方法是因为主题的需要，还是迁就于康德沿用第一批判架构的意志；但这部作品的确成功厘清了《道德形而上学基础》以及稍早发表的通俗文章与书评所指出的意见。

鉴于康德的理论作品大多旨在显示理性的力量远不及其理性主义继承者的预期，而他的道德哲学则试图说明道德是理性的专属领域。由于“自由”也是理论理性推演得到的基本概念之一，于是便构成了两大批判的辐辏点。康德相信第二批判证明了“自由”是个真实的概念，也就是说，它不仅仅是思想的产物，而且在道德里有其坚实的基础。尽管如此，康德还是认为我们无法在严格的意义下认识到我们是自由的。让我们有权利可以相信自由的真实性的是道德经验，或者更应该说是对于我们的道德性的经验。再者，道德与自由也使我们有权利相信另外两个理性概念：“上帝”与“灵魂不朽”。他认为我们必须“预设”这些概念，才能够在这个世界上做个道德性的存在者。没有“灵魂不朽”和“上帝”，我们将会陷入道德上的绝望。道德行为应该增益这个世界的善，但经验却显示经常不是如此。幸福以及值得拥有幸福，在世界里并非经常彼此呼应。如果我们想在两者之间找到关联，我们就必须假设上帝终究会使它们一致。于是康德认为，“上帝”与“灵魂不朽”的观念是实现至善的先决条件，使得道德实践成为可能，因此我们必须相信真实性。

《论永久和平》是康德的一篇著名论文。论文分为两个部分，阐述了康德关于国际社会如何保持和平的法哲学理论。这本书看似是关于国际政治的理论，但其实它和康德的道德哲学一脉相承，都体现了理性对行为的约束力。

法国大革命后的康德

1789 年，法国大革命爆发。当时，德国的每个知识分子都密切注意这些事件的后续发展。有些知识分子如歌德等一开始就反对革命，但大部分知识分子都对革命表示热烈支持，康德便是其中之一。那时，革命成了他最感兴趣的话题。康德为了知道新的消息，竟然会走几里路去领取邮件。

与此同时，康德的著述也没有间断，他在1790年又出版了《判断力批判》。康德的第三批判一般被视为纯粹的美学著作，而作品的第一部基本上确实是探讨美学的问题。在其中，康德认为，虽然美感判断是以感觉为基础，它们的客观有效性却不是基于感觉自身，而是基于作为感觉的预设的先天判断原理。在这部作品里，康德还处理了关于自己的哲学体系的统一性、自然的和目的性的问题、目的论的概念必然应用在生物学产生的问题，以及若干神学的问题。

《判断力批判》分成两个部分："审美判断力批判"与"目的论判断力批判"。两者各自有分析和辩证两个部分，但在"目的论判断力的辩证论"的后面还有个很长的附录："目的论判断力的方法论"，以及"对于目的论的总注释"。康德的这种划分方式显然是迁就理论建构的整齐对称，而特别是在第二部分，这种建构蓝图似乎对于理论的开展弊多于利。附录与总注释的长度和分析论以及辩证论两者合计相仿。如此地分割在第一批判很合适，在这里是否有其必要，则不无争议。

法国爆发了轰轰烈烈的七月革命。为了推翻波旁王朝，巴黎市民与保皇党展开了激烈的战斗。法国画家德拉克洛瓦决心画一幅画将这历史瞬间记录下来。于是，《自由引导人民》诞生了。

约翰·戈特利布·费希特，著名的唯心主义哲学家。他来到了哥尼斯堡，并在该地写下了《一切天启之批判》(1792)，康德运用自己的影响力使其得以出版。该书匿名出版之初，还被认为是康德自己的作品。在康德披露其作者身份之后，费希特声名大噪。后来，费希特"超越"了康德，严厉地批判康德哲学，令康德愤恨难消。

"审美判断力批判"处理的主题是审美判断的有效性。这个问题源自我们对于审美判断对象的主张的特殊性。例如，当我们说"伦勃朗的这幅画很美"或者"大峡谷很壮观"时，我们只表达了自己的感觉，并不是在陈述客观知识，然而，在我们表述（我们可以称为鉴赏判断）时，也不认为自己只是在报道自己的感觉，我们相信它有更多的意义，甚至有普遍性的意义。理由何在?

在"美的分析论"里，康德首先列举了"鉴赏判断"或者其中主题之一的"美"的四个特性。他认为我们在此可以预设普遍性，因为鉴赏判断是对于某个对象的品评，我们除了该对象的实际利益以外，还会有喜欢或厌恶的感觉。所以，我们喜欢美的事物与任何利益无关。其次，美的事物引起的好感是普遍性，与我们对它的概念无关。康德认为，对于"愉悦"的判断不能达到对象判断的互为主体的有效性。但这个有效性是必要的，如果这样的判断涉及概念的话。第三，美是"一个对象的和目的性形式，如果这形式是没有一个目的的表象而在对象身上被知觉到的话"。

康德区分两种美：一种是自由的，一种只是依附的。自由的美不以任何有关对象应当是什么的概念为前提，而依附的美则必须预设那种概念。接下来康德主张，严格说来，鉴赏判断只涉及第一种美。任何涉及完美性的判断其实总是有智性的元素。最后，美是"在无概念地作为被认知为'必然'愉悦的对象"。鉴赏判断意味着每个人都能认同；它预设我们有某种共通感。这表示，"它预设了一个共通感的存在……但我们不是把它理解为外部感觉，而是理解为出自我们认识能力自由游戏的结果"。

在这之后，康德成为了整个哥尼斯堡最有名望的人，很多人都想拜访他，包括费希特。费希特在听了康德的课后，写了一本《一切天启之批判》，并将它题献给康德。康德看了后，立即帮助费希特把这本书出版了。许多来访者都为康德的道德、风度、学识以及幽默的谈吐而倾倒，称他是最伟大的学者。但事实上，这时候的康德已经有了一些变化，他衰老了。他的授课受到了影响，在学生中的影响力也不如以前了。这颗睿智头脑将迎来他的寒冬。

【最后的岁月】

居住在外地而且一年里只到哥尼斯堡几次的雅赫曼，看到了康德的变化。他在1804年写道："我在八年前就发现他有了一些改变，虽然在某些日子里，他的身体情况特别好，因而展现了和从前相同的心智能力。但这段时间以来，他的衰老已经更明显……大思想家的精力就这样渐渐离去，直到油尽灯枯为止。"

"有两种东西，我对它们的思考越是深沉和持久，它们在我心灵中唤起的惊奇和敬畏就会日新月异，不断增长，这就是我头上的星空和心中的道德定律。"它出自康德《实践理性批判》的最后一章，刻在康德的墓碑上。

他的日常生活依旧保持规律性，或许比以前更规律。由于他不再讲课，也不再参加大学评议会的任何会议，康德现在比从前的任何时期更加深居简出。他依旧在早上5点起床，喝一点茶，吸一管烟斗，然后坐在书桌前面，一直工作到将近下午1点。工作完后，他穿戴整齐准备吃午餐。午餐的时间是下午1点到3点，但有时更长。在这个时期，他通常会邀请两个客人。吃过饭以后，他出去做每天例行的散步，大约一个小时。在天气不好的日子里，他的仆人会陪伴着他。回到家以后，他会处理一些家事、然后读他的报纸和杂志。在晚上10点就寝前，他会思索一下写作的工作，在小纸片上做一些笔记。

他的大部分老朋友都已经去世，其中包括他最好的朋友格林。格林的死彻底改变了康德的生活，使得他不再参加任何晚间的聚会，甚至完全放弃晚宴。他不再到外面去用餐，而是雇用了一个厨师，开始在家里设晚宴招待客人。

从1796年开始，康德不再在大学开课。1799年，康德发表了最后一篇独立完成的作品，

这也是他最后一次对当时的哲学发展提出自己的看法。康德已经准备好迎接死亡，甚至期盼死亡的到来。在他生命的最后几年当中，他曾多次向朋友表示，他在每晚睡觉前，都希望那是最后一晚。

在缓慢走向死亡的五年过程里，心智能力的衰退或许让这样的等待容易一些，不过身体状况的恶化却使他饱受煎熬。康德缓慢地衰竭并没有任何不寻常之处，许多人也必须经历这样的过程。死亡是个渐进的过程，先是夺走了他的精神，然后又夺走了他的身体。

渐渐的，为康德的生命带来秩序的规律被改变了。虽然他还是在早上 5 点起床，睡觉的时间却提早了。散步的时候他也不能走得很远，因为他已经没有体力了。他还发明了一种特别的走路方式，试着让脚笔直着地，顿足而走。因为他相信以脚掌平贴地面的方式走路可以加大反作用力，让他不会跌倒。但是，他还是跌倒了。一个陌生女子有一次把他扶起来，他就把当时拿在手里的一朵花送给她。后来，他就不再散步了。

康德失去了短期的记忆。他开始忘记日常的琐事，在一天里重复同一个故事好几遍。他的长期记忆还维持得不错，像许多其他的老人一样，他开始活在自己的过去里面。但是他还可以警觉到自己在说重复的话，而且老是忘记事情，因此他养成了记事的习惯。

1803 年的一天，在吃下很多乳酪后，康德中风了。在这之后，他的健康情况越来越糟糕。1804 年初，康德几乎已经无法进食了，什么样的食物他都觉得太硬，而且没有味道。在餐桌前，他一个人喃喃自语，夜里也无法入睡。虽然在一些片刻中又可以表达自己的意思，不过那是很少有的情形。曾经有一次，他令医师颇感意外地突然从半昏睡的状态中醒来，向他保证说:“我还没有完全失去人文关怀。”2 月 11 日，他吐出了生命中的最后几个字。他谢谢瓦西安斯基给他加水的酒，跟他说“这很好。”

康德死于 1804 年 2 月 12 日上午 11 点，离他的 80 岁生日不到两个月。他在中午死去，非常宁静，没有任何痉挛，也没有任何抵抗的征兆，看来似乎很快乐。他的死是生命的终止，不是残忍的死神来把他带走。这颗产生过影响至今的思想的头脑终于可以安息了。

康德在晚年把越来越多的私人事务托付给瓦西安斯基。到最后，瓦西安斯基得到了康德的全部信任。由于康德把他当做私人秘书、助理人以及遗嘱执行者，他对老康德的生活状况知之甚详。

大事年表

1724年	4月22日，康德诞生。
1732年	秋季，康德进入腓特烈中学。
1740年	9月24日，在哥尼斯堡大学注册。
1755年	取得硕士学位，并于同年取得大学编外讲师资格。
1770—1781年	“沉默的十年”；《纯粹理性批判》完成。
1776年	康德成为哲学系系主任。
1786年	康德担任哥尼斯堡大学校长。
1788年	《实践理性批判》问世。
1790年	《判断力批判》出版。
1796年	7月23日，康德最后一次授课。
1797年	6月14日，哥尼斯堡的学生庆祝康德写作生涯50周年。
1804年	康德逝世，终年80岁。

弗洛伊德

Sigmund Freud

19世纪中期，当达尔文提出人类的祖先是猿猴时，曾激起了无数人的震惊和愤怒。尴尬之余，人们不得不接受这个事实。19世纪末，奥地利的一位医生比达尔文走得更远，他平静地宣布：在人类的身上存在着歇斯底里的本质、俄狄浦斯情结、潜意识和性问题。这更令人惊恐和愤慨。他将矛头对准了人类自身，他看到了人类灵魂的最深处，这个人就是弗洛伊德。在整个20世纪，他都是最有争议的人物。但无论怎样，他创立的精神分析学说影响了整个20世纪人类的意识形态，不仅是自然科学，而且也渗透到哲学、史学、文学艺术等各个领域。

【青少年时代】

在19世纪的奥地利，有一个美丽如画的小镇——弗莱堡。那里地势平坦，郁郁葱葱的林木与房屋错落有致，相映成趣。1856年5月6日，一声嘹亮的婴儿啼哭声打破了小镇固有的宁静。这个孩子，就是影响整个20世纪人类意识形态的学者——西格蒙德·弗洛伊德。

弗洛伊德的父母都是犹太人，父亲的祖上曾长期住在莱茵河畔，14或15世纪时，家族被迫往东欧逃难，后来又辗转迁徙到奥地利。当时的犹太人受到宗教压迫，没有权力选择自己的生活，他们只能生活在主流社会外。大部分的犹太人靠做生意谋生，弗洛伊德的父亲雅可布也不例外，他是一位销售皮毛的犹太商人。

弗洛伊德出生时，他已有两个同父异母的哥哥：伊曼纽尔和菲利普，一个23岁，足以当他的父亲，就连他的小侄子约翰也比他大一岁。后来，弗洛伊德又有了一个弟弟和妹妹，加上保姆，他们全家挤在一间租来的房子里。恶劣的环境使弟弟在半岁时就夭折了。离开弗莱堡后，弗洛伊德又有了四个妹妹和一个弟弟。在众多的孩子当中，弗

阅读莎士比亚的作品让年轻的弗洛伊德的思想更加成熟，对其有着重要的影响。图为莎士比亚作品《麦克白》中的剧情画面。

洛伊德是最特殊的。据说他出生时，有一头乌黑浓密的头发，接生婆预言，他将是一个非凡的人物。也许正是这个预言，让他得到了特殊的照顾。据说弗洛伊德的妹妹要学钢琴，可他说太吵了，那架钢琴便被抬了出去，可见他在家庭中的地位非同一般。

1860 年，由于父亲的生意破产，债务缠身，他们一家不得不再次逃离，他们迁居到奥地利首都维也纳。弗洛伊德一家搬进了犹太人聚居区，依旧过着相当贫寒的生活。

或许因为他出生的那个预言，弗洛伊德从小便与众不同。他很少与人交往，极喜欢读书，常沉浸于幻想的世界中。在学校里，他的功课连续 7 年名列第一。12 岁，他就能够阅读莎士比亚的原著，并能流利地说 6 种外语。中学时代，弗洛伊德对现实世界有了真正的接触，他开始更加广泛地涉猎文学、历史、宗教及神话。他沉迷于语言织就的网中。弗洛伊德特别喜欢文学与哲学，尤其对莎士比亚和歌德，更是情有独钟，他通过阅读这些前辈大师的文学作品，经过对人、对生活的认真观察和深入思索，学会了用艺术的语言、形象的描述去表现自己深刻的思想。与此同时，弗洛伊德精读了许多重要的西方哲学典籍，广泛地汲取哲学观点和理论逻辑方法。这一切，构成了“智者的思想积木”，都为弗洛伊德以后的科学理论创作打下了坚实的思想基础。

虽然在儿童时期家里遭到变故，可依旧不影响弗洛伊德高涨的学习热情。他从小便学习成绩优异，显现出过人的才华。

曲折的求学生涯

1873 年，17 岁的弗洛伊德免试进入了维也纳大学医学院。在那里，尽管受到班上同学的排斥，但他仍然是最好的学生。

大学期间，弗洛伊德攻读医学和哲学。最初，他对生物解剖学感兴趣，并解剖了四百多条鳗鱼，以研究其性器官所处的位置与结构。虽然他在这方面没有取得重要的研究成果，但使得他第一次接触了有关性的问题。而布伦坦诺的哲学课程，布吕克的意动心理学思想以及叔本华与尼采等人的非理性主义哲学

中欧最大的学校之一维也纳大学让弗洛伊德对生理学有了最初的认识。

思想都对弗洛伊德产生了一定影响。

在学习医学的同时，弗洛伊德对生理学教授布吕克的生理心理学讲演产生了深刻的印象，也被他的热情和长者风度所吸引，于是，他又转向学习生理学。布吕克比弗洛伊德年长近40岁，他对这位好学的年轻弟子也产生了兴趣，布吕克日后成为了弗洛伊德科学上的师长和生活中的父兄。1876年到1882年，弗洛伊德在老师的指导下，研究神经系统的解剖生理学。弗洛伊德后来说，布吕克“在我的一生中的重要程度胜过任何人”。这句话对一位花了近50年时间形成一门与布吕克完全不一样的主观内省心理学的人来说，确属不易。

弗洛伊德从读书时就是一个出类拔萃的学生，他思维敏锐、分析精细、推断循回递进、构思步步趋入，揭示出人们心灵的底层，这就是精神分析的内容极其丰富的根源。

弗洛伊德醉心于学术上的生理心理学，希望成为一名生理学家并进行纯粹的研究，他在这行也是大有希望的。可布吕克知道他家境不佳，建议他做一个医生。因为当时弗洛伊德必须靠父亲供养，而从事科学研究对于一个没有额外收入的人来说几乎是不可能的，所以，弗洛伊德听从了布吕克的建议，放弃了这个梦想。

他从布吕克那里学到了科学研究的法则，那就是：观察、发现、理论。他从中获益匪浅，一生奉行不渝。布吕克的建议是他人生的重要转折点——使他开始从研究走向了临床医学。

弗洛伊德的心理学思想是逐渐发展起来的，他对心理学做出了很大贡献，用简短的文字很难加以概括，在他的研究下创造了用精神分析来治疗精神病的方法。

1881年，年仅25岁的弗洛伊德以优异的成绩荣获医学博士学位。这位年轻的学者意气风发，一心投入研究工作。然而，一次难忘的邂逅让他走出了又潮又冷的实验室，最终走向神经病医学，这个改变他命运的人，就是玛莎·贝内斯。

玛莎·贝内斯，出生于汉堡的书香门第，是弗洛伊德妹妹的同学。她21岁，是个美丽文静的姑娘，弗洛伊德对她一见倾心。玛莎为弗洛伊德的生命带去新的希望，注入了新的活力。从见面的那一刻起，弗洛伊德便知道她将成为自己的妻子。而玛莎呢，知道弗洛伊德生性腼腆，不敢追求她，就泰然地走向弗洛伊德，让他有了信心。1882年6月，

相识两个月后，他们订婚了。此后，迎娶玛莎，成了弗洛伊德一个新的目标。

这位痴心的学者想与心爱的女人结婚成家，赚钱成了生活的必要。因此，他接受导师布吕克的建议，离开实验室，锁定行业，开私人诊所，而精神分析学说就在他的私人诊所里萌芽了。

获得博士学位后，在布吕克的建议下，1882 年 7 月 31 日，弗洛伊德进入维也纳综合医院，成了一名默默无闻的实习生。半年后，他被任命为梅内教授精神病部门的助理。这使弗洛伊德真正地接触到神经病和精神病，并且，他对此很感兴趣，而神经病学和精神病学也成为他研究与执业的领域。弗洛伊德天性中那份强烈的求知欲、好奇心、征服欲充分地体现出来了。

19 世纪末，奥地利的精神病学还相当落后。从古代到文艺复兴时期，人们对精神病及其病因缺乏科学的认识，宗教迷信观念长期控制着人们的思想。人们通常把精神病人视为魔鬼附体，或者说是中了邪，并采用残酷的措施来对待他们。直到欧洲资产阶级革命后，随着科学的发展、社会的进步，人道主义盛行起来，一些进步人士开始反对关于精神病的迷信观念和残酷手段，主张以理性和人道的态度对待精神病人。这样，对精神病进行科学研究、诊断与治疗的道路才开通了。法国学者皮奈尔首先肯定精神异常是一种病，而不是中了什么邪，应该采用医学诊疗来处理。此后，欧洲相继出现了许多著名的精神病学家。但对其病因仍有存疑，争议颇大。

精神病学方面有很多的疑难，因此也具有更大的发展潜力。弗洛伊德毫不犹豫地选择了精神病学。实习期间，弗洛伊德与玛莎正处于热恋阶段。在长达 4 年的订婚期，两人仅见过 6 次，这对弗洛伊德来说，是一次禁欲的考验。紧张忙碌的工作之余，他几乎每天给玛莎写信。1884 年，他做过短期的可卡因研究实验，在给玛莎的信中，他梦想着“可卡因会使我成为非凡的人物”。然而，在朋友服用后，出现了毒副作用，弗洛伊德招致医学界的指责。

雄心勃勃的弗洛伊德沉寂了，可卡因并没有带给他新的希望，不久，他的朋友科勒却发现可卡因在眼部手术中有麻醉作用，可卡因使科勒一举成名。弗洛伊德与成功失之交臂。他银行户头中的钱没有增加，同时，期待已久的

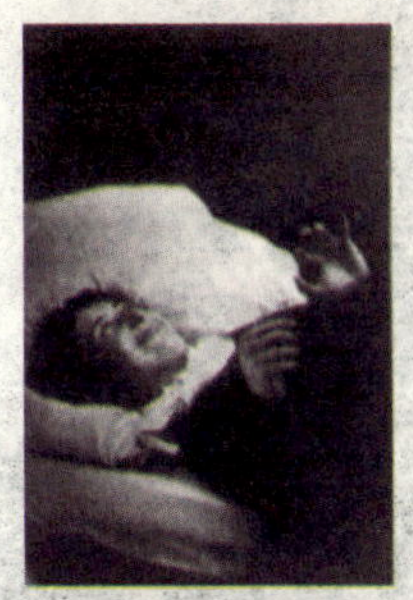
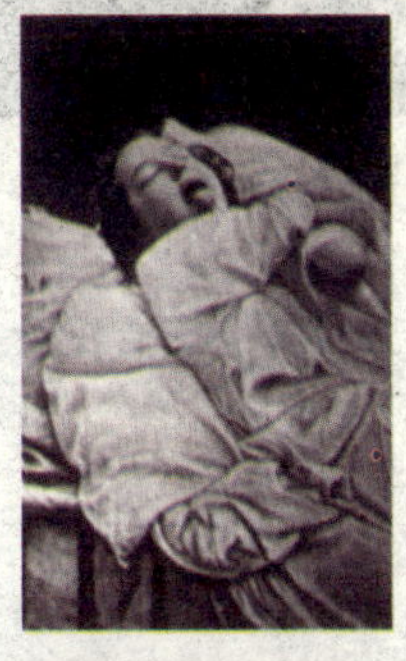

精神障碍最早被视为荒诞莫测的古怪现象，而患者则被看做是魔鬼缠身，并受到虐待或残害。

夏尔科为精神病学奠定了基石，他是心理分析学创始人弗洛伊德的老师，也是弗洛伊德最崇敬的人。

大学讲师职位一直延期到1885年9月才发布。

弗洛伊德并没有因此而消沉。一个新的机遇悄悄地降临了。弗洛伊德获得了一份考察旅行金。渴望新鲜、渴望改变的他欣然启程了。他的目的地是法国巴黎，当时世界上精神病学最发达的地方。1885年10月的一天早晨，弗洛伊德抵达巴黎这个繁华浪漫的首都。他没有被纷至沓来的外界感受所击晕，而是在巴黎大学附近找了个小旅馆，开始了为期6个月的拜师生涯。巴黎，只有一个人对他极具吸引力——这就是著名的神经病学家夏尔科教授。

1885年的夏尔科，事业正值巅峰时期，声誉之隆无可比拟。夏尔科的权威无所不在，在学问方面，他渊博、勤奋，充满创新精神。夏尔科运用催眠术治疗精神病取得了一定的成功。在法国学习期间，弗洛伊德有两个重要的收获：第一，他从夏尔科那里知道，某些精神病，如癔症，主要是一种心理或精神上的障碍，而不是躯体上的疾病。对于心理上的障碍，可以用心理治疗的方法来对付。此后，弗洛伊德放弃精神病的生理治疗方法，如电休克、水疗法等，而转向采用催眠术等心理治疗方法。这是弗洛伊德迈向精神治疗的重要一步。第二，在精神病病因学上，弗洛伊德得到了重要的启示，即无意识的性心理对于精神病的形成有着重要意义。

师从夏尔科这半年，弗洛伊德毛遂自荐，翻译夏尔科的《神经系统疾病新讲》，弗洛伊德成了夏尔科的座上客，他更是夏尔科思想的传播者。这种思想一旦引入维也纳医学界，必将引起不小的骚动。

夏尔科是歇斯底里现象的发现者，是一位技术高超的催眠师，可他只是在向学生展示病人的病情时才去引发歇斯底里。

【成家立业】

从法国巴黎回到维也纳后，弗洛伊德在维也纳病童研究所听诊，并且在夏尔科与巴黎“效应”下，开演讲会。1886年10月15日，弗洛伊德论及男性歇斯底里症，引起了整个维也纳医学界的愤怒与骚动，维也纳仿佛也受到侮辱，群起而攻之。他被赶出医师协会。当时认为歇斯底里症只有女患者。因为“歇斯底里”又称“癔病”。语源为希腊文 hystera，原意指子宫。最初以为此种神经症只发生在女人身上，病因即是子宫功能失常。而弗洛伊德在夏尔科的影响下，确认歇斯底里乃是心理失常，无性别之分；部分感觉或运动机能丧失等症状，实为心理突然转换的结果，原非生理机能的疾病。

两位医学界权威巴姆贝格尔与梅内教授，要求他找出类似夏尔科所说的病例。当时整个医师协会群情激奋，大家如同见到天外来客一样盯着弗洛伊德。他的学说被视为标新立异，想出风头。这个刚刚 30 岁的年轻医生，在众人惊愕愤怒的声讨中走下台去。

时隔一个多月后，弗洛伊德再次出现在皇家医师协会上，他看上去很镇定，就梅内教授（他以前的导师）的挑战提出论文答辩。不管怎样，他的自信、执著及勇气让梅内教授及人们感到惊讶，但他的观点仍不能被人们所接受。他给保守、屈从的维也纳医学界投去了一枚炸弹。

1886 年 9 月 13 日，弗洛伊德结婚了，因爱情而结合的婚姻使弗洛伊德心情愉快，减轻了事业不顺而带来的烦恼。此时，他们已搬到“全维也纳最华丽的楼房”并在该处开办诊所。在这里，他和玛莎的 3 个孩子相继出世了。小家伙们的出生，给这位私人医生的家庭带来了欢乐；同时，又让他更加担心诊所的收益。客户仍然迟疑张望，这是令他最操心的现实问题了。

1891 年夏，弗洛伊德一家迁居上坡路 19 号，此后，便在这里定居达 47 年之久，直到 1938 年迁往伦敦。最后 3 个儿女就在这里出生、成长。弗洛伊德婚后 8 年，共育有 6 个子女，分别是 3 个儿子，3 个女儿。玛莎是位贤惠的好妻子，她全方位地照管一家大小的日常生活，全力支持弗洛伊德的工作。他们幸福地生活着，尽管弗洛伊德因其泛性论而被人指责，但他却是个节制而严肃的学者，他非常重视家庭。弗洛伊德和玛莎幸福地走过了一生。

弗洛伊德步入精神分析这个独特的职业生涯，缘自与约瑟夫·布罗伊尔的友谊与合作。布罗伊尔是位成功的医生和生理学家，比弗洛伊德大 14 岁，他是通过布吕克认识的，虽然岁数和地位悬殊，可他俩依然成了莫逆之交。弗洛伊德经常拜访布罗伊尔，他们经常谈论一些病案。

安娜·弗洛伊德在父亲西格蒙德·弗洛伊德的影响下，也成为了一位著名的儿童精神分析学家。

安娜·弗洛伊德进一步继承和发展了其父后期的自我心理学思想，对自我心理学的建立做出了重要的贡献。她系统总结和扩展了其父对自我防御机制的研究。她是用精神分析方法研究儿童发展的创始人之一，并较早应用游戏疗法，对儿童期和青春期的心理治疗技术的改进起过积极作用。

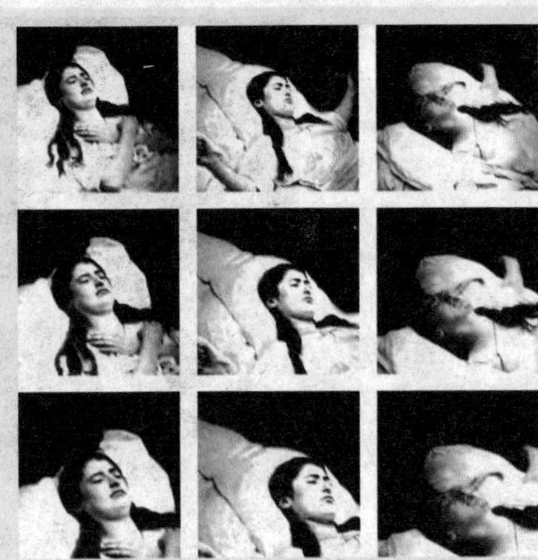

神经学家用催眠治疗歇斯底里和其他不正常的精神状态。

布罗伊尔治疗过一个名叫安娜的年轻女患者，她有严重的歇斯底里症，他已经为她治疗一年半了。这位妇女在精神分析史上有个个案研究的假名安娜，当1882年布罗伊尔告诉弗洛伊德这个病例时，弗洛伊德深受吸引，让布罗伊尔详细透露病情，并在数年后与布罗伊尔一起写了份报告，这是经常被称做精神分析学的第一份个案报告，心理分析学就此生根发芽了。

安娜是个漂亮而有头脑的姑娘，她是为照顾生病的父亲而患病的。两个月后，父亲病故，她的症状加重。她有许多临床表现，如焦虑、失眠、幻觉、失去母语、看不见东西、腿部麻痹等。在治疗过程中，布罗伊尔偶然发现在催眠状态下，安娜只要把某种症状或苦恼讲出来，清醒时，她的苦恼就会减轻，那种症状就会消失。布罗伊尔把它叫做“谈话疗法”或者戏称“扫烟囱”。正是布罗伊尔告诉弗洛伊德，谈话疗法比暂时使其脱离某种精神错乱的意义大得多。如果布罗伊尔可以让她在催眠状态下回忆起某种特殊的症状最早是什么时候、以什么样的方式出现的话，这种症状就会消失。

正是从安娜处发现的谈话疗法，将弗洛伊德引向了精神分析。事实上，安娜并没有从谈话疗法的宣泄中恢复过来，而只是暂时性地消除了症状。这提醒了弗洛伊德，这些病人不仅仅需要回忆起引发各种症状的事件，他们得寻找隐藏在其背后的一些发现。他发现，在大多数情况下，这些症状的背后是有关性欲遗憾。布罗伊尔一个一个地攻下了她的病症，并控制了她所有的病情。可是1866年的一天夜晚，安娜又发生混乱，因腹部痉挛而疼得满地打滚。他问怎么回事，安娜说：“布医生的孩子要出生了。”布罗伊尔愕然地意识到，她正经历着歇斯底里的怀孕幻想。自此，他丢下此病案躲开了。他不愿正视有关性的问题，为此，“他丢掉了揭开歇斯底里症病因的钥匙”。作为一名科学家，他屈从了社会道德规范，屈从了传统。

随后的几年里，弗洛伊德运用催眠暗示取得了一定的疗效。1890年，他开始采用布罗伊尔诊治安娜的催眠“舒泄疗法”，即催眠后，让病人回忆并讲述第一次引发病症的“创伤性事件”。此疗法只适用部分患者，且疗效并不持久。尽管如此，他和布罗伊尔还是在五六年的时间里讨论了一系列病案，最终形成了一种与夏尔科不同的癔症理论，就是整体意义上的心理学理论，结论是：歇斯底里症受到回忆的影响——就是一些痛苦的情感体验的回忆——它们因为某种原因从意识中排遣出来了。在这样一些回忆被遗忘的时候，与此相关的情感被

"纠缠着"或者被拴住并转换成一种生理能力，并表现为一种形式的病理症状。当记忆通过催眠而得以恢复时，情感可以被感知到并表达出来，症状也就因此而消失。

1895 年，弗洛伊德与布罗伊尔合著的《关于癔病的研究》出版，这标志着精神分析运动的起点。在今天看来，此书具有不朽的意义，可在当时却备受冷落，也给弗洛伊德带来大量的责难，布罗伊尔也因弗洛伊德坚持性冲突是癔症的根源而与其分手。

弗洛伊德在安娜病案中获得了重要启示。1889 年，他便尝试"谈话疗法"，并在临床实践中不断完善。在此基础上发明了"自由联想法"。"自由联想法"是精神分析的基本治疗方法，它不仅治愈了难以数计的神经症患者，而且帮助弗洛伊德发现了人类精神深处的奥秘。

1889 年，男爵夫人凡妮·莫塞尔，患有严重的歇斯底里症。她面部抽搐，常出现幻觉，做噩梦，害怕社交，并讨厌陌生人等。弗洛伊德利用宣泄式的布罗伊尔疗法，经过一段时间治好了她的一些症状，但是疗效并不长久，病人在新的创伤影响下，以类似的方式再次病倒。这让弗洛伊德颇感困惑；同时，又使他寻求到新的治疗途径。

图为弗洛伊德精神分析治疗时患者躺卧的沙发。弗氏则坐在患者头部后方椅子上（近照片上方的四脚椅），以不让患者看见自己为原则，进行言谈治疗。

催眠是以人为诱导引起的一种特殊的类似睡眠又非睡眠的意识恍惚心理状态。其特点是被催眠者自主判断、自主意愿行动减弱或丧失，感觉、知觉发生歪曲或丧失。

有一天，当弗洛伊德问莫塞尔夫人，为什么会有胃疼，是什么引起的？她非常勉强地回答说，她也不知道。弗洛伊德请她第二天一定要想出那个“创伤性的事件”来。她就带着明显的抱怨口气说，他不应该问这问那，而应该由她来把想说的东西说出来。这一点给了弗洛伊德启发。弗洛伊德感觉到，莫塞尔夫人给了他某种异乎寻常的东西。这是一个重要的请求，应该让她按自己的意愿进行下去。她开始谈到她丈夫的死亡，她从这里开始东拉西扯，最终讲到了夫家亲戚和一位“意图不明的记者”对她的诽谤，内容大概是说她毒死了自己的丈夫。虽然这与她的胃疼毫无关系，可还是使弗洛伊德联想到她为什么不爱交际、讨厌陌生人。催着问，也问不出个所以然来；由着她性子讲，反而有了眉目。此后，他便使用了这种对治疗和研究都至关重要的方法，即“自由联想法”。

不久，弗洛伊德诊所那把躺椅就成了必不可少的道具了。他让患者躺在沙发上，闭上眼睛，集中精力回忆，让病人自由想象，不加任何限制，让他或她在自己的回想中自我暴露症结所在，从而达到治疗的目的。在治疗神经病的过程中，弗洛伊德依据大量临床资料，不断地思考神经症的病因及有效治疗等理论问题，逐渐地形成了他早期的精神分析理论，即早期的无意识论与性欲论。弗洛伊德在采用谈话疗法之后，那些病人在谈话疗法中所吐出的话语使他确信病人内心深处存在着致病的意念，并且这种意念与病人儿童时期的创伤性经验，特别是性经验有关。而这种经验不能为病人所意识到，而是处于病人的“无意识”的精神领域之中。于是，弗洛伊德就提出了他早期的精神分析理论。

梦的秘密

1895 年 7 月，弗洛伊德去维也纳郊区避暑度假。在这里，他顿悟了解梦之道。这个梦是有关他所治疗的一位名叫艾玛的少妇的。他梦到：他在一个大厅里遇到艾玛，客人都来了，艾玛说她的喉咙、胃和腹部都很疼，他担心自己没有仔细地看病，可能轻视了她的肌体毛病。后来发现，他的朋友奥托，一位年轻的医生，曾用不清洁的注射器给她打过针，而这就是她的毛病的根源所在。

通过自由联想来追寻这个梦背后的意义，弗洛伊德得出结论：奥托事实上惹我生气过，他说艾玛的病没有完全治好。因此，梦就让我去报复他，把责任推回到他的头上。梦把我应该对艾玛负的责任推卸掉了，说这是因为其他一些因素造成的……梦代表了事物的一种特别的状态，是按我希望的样子表现出来的，因此，梦的内容就是欲望的满足，它的动机就是一个愿望。

悟“梦”，竟然是对自己一些不那么高尚的动机进行残酷的自我检查后获得的。弗洛伊德由此发现了一个其价值不可比拟的技巧。在接下来的 5 年里，他分析了一千多个病人的梦，并在《梦的解析》一书中报告说，“梦的解析”是心理分析治疗和有关无意识思维研究当中最为有用的工具之一。

做梦是无意识存在的一个有力证据。弗洛伊德认为梦是无意识表现自己的途径之一。他有一句名言：“梦是欲望的实现。”梦境是利用睡眠时潜意识“检查官”放松警惕的机会，无意识中的本能欲望通过伪装和变形的方式混入意识来的结果。通过对梦的解析，就可以知道一个人的无意识欲望和动机。简单

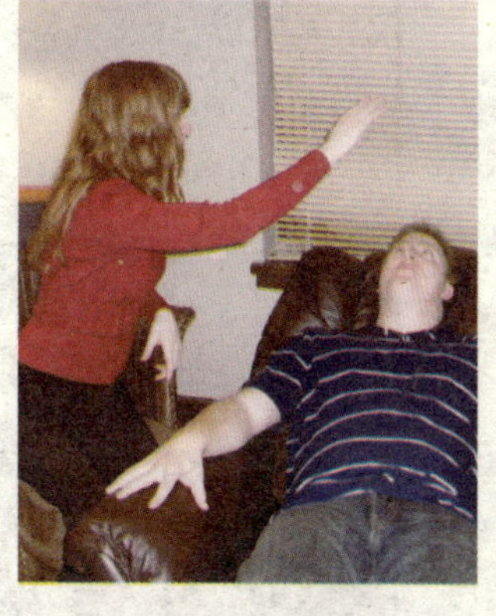

弗洛伊德早期对精神上的分析让人们逐渐了解到心理师运用催眠暗示能让患者全身心的放松，所以后来的很多心理咨询师用这种方法治愈了很多患者。

做梦是从人生下来就会伴随的，弗洛伊德认为“梦是愿望的满足”，挖掘出人性的真正主宰——潜意识。

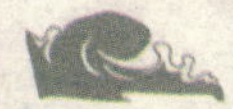

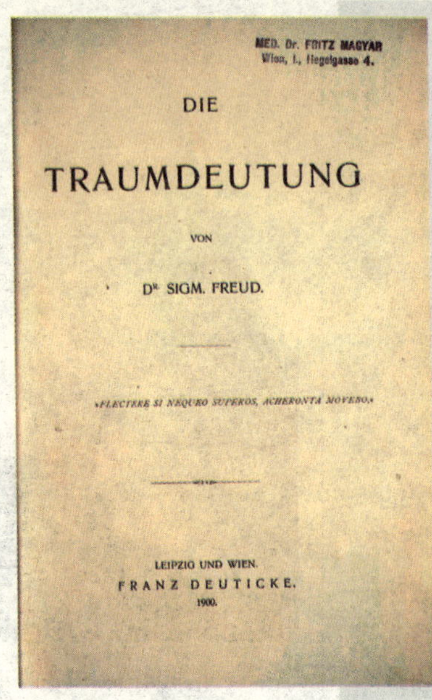

MED. Dr. FRITZ MAGYAR
Wien, I., Hegelgasse 4.

DIE

TRAUMDEUTUNG

VON

Dr. SIGM. FREUD.

»FLECTERE SI NEQUEO SUPEROS, ACHERONTA MOVEBO.«

LEIPZIG UND WIEN.
FRANZ DEUTICKE.
1900.

在《梦的解析》这本书中，弗洛伊德以数百个有趣的梦为实例，以流畅的笔触一一分析了人们通常做的梦里所蕴含的深层含义。

地说，如果我们梦到大口喝水，那就是因为口渴，吃的东西太咸了。而梦所满足的愿望往往要复杂得多，且经常通过伪装和变形出现。

1897年7月，弗洛伊德开始了自我分析，企图理解并解释自己的精神毛病。这位心理分析师，把自己分析了。这在心理学发展史中，是前所未有的创举，几乎带有某种神圣而神秘的色彩。

弗洛伊德，比以前的哲人都走得远。笛卡儿、康德、苏格拉底，都曾检查过他们各自的意识思想，可只有弗洛伊德要揭开自己无意识思想的秘密。

一方面是为了求知，想在别人都没有觉察的领域出人头地；另一方面也是为了增加客户，证实他的新疗法。他用科学的态度，进行着自我分析。1899年，他的劳动结晶《梦的解析》终于问世了。这是弗洛伊德最重要的著作，它将掀起一场新的震撼。

《梦的解析》于1899年出版，而弗洛伊德却让出版商印成1900年，他希望此书迎接新世纪，开辟人类历史的新纪元。而此书一问世，并没有造成轰动效应，18个月后，没有一本科学性期刊提到它，只有少数非科学性杂志提到它，并且全部的发行量仅有600本，却用了8年的时间才售完。前两个星期，只卖了100多本。科学史上，没有一本专著受到如此冷遇。《梦的解析》被认为是惊世骇俗，似乎人人都厌恶它。这种状况，一直持续了10年。10年后，它才受到人们的重视。

《梦的解析》是弗洛伊德最重要、也是最得意的著作。他用古典文雅的语言，形象生动地阐释了系统性精神分析学说。在这本书里，弗洛伊德将能回忆起的梦中情节，称为“显性内容”，并从中区分出所隐藏的含义，即“隐性内容”。他认为，经过合理的破译之后，梦为人的潜意识流露打开了一扇窗，被禁止的欲望、童年的性欲及“俄狄浦斯情结”，便掀起层层波澜。

弗洛伊德把对梦的分析称为“通向无意识的康庄大道”。在他看来，梦的实质就是被压抑的无意识欲望的一种变形的满足方式。即“人类的梦不仅仅是一个梦，而是反映了人类潜意识”。他认为梦的显像有3个来源：首先是感受刺激，如梦到口渴，大口喝水，可能是饭吃咸了所致。其次是做梦者在清醒时的所思所想，“日有所思，夜有所梦”。而第三个来源，也是最为重要的来源，就是本我冲动。当人清醒时，本我冲动受到自我与超我的阻碍，无法直接表现与满足。这种受压抑的冲动或欲望往往就以梦的形式表现出来。由于自我与超我的强大，本我难以通过梦境直接表达冲动，需要对梦的内容进行某种歪曲或伪装，所以，梦的显像往往乱七八糟，无法理解。分析家的工作就是要从这些表面上杂乱的显像中揭示伪装了的和变形了的潜意识欲望与冲动。

正电子发射计算机断层扫描是一种核医学成像技术，它为全身提供三维的和功能运作的图像。它是现代技术的发展，弗洛伊德的梦境潜意识理论也由它而得到了证实。

《梦的解析》就是通过对各种各样的“梦”的解析，揭示了人的潜意识以及性欲这些人类心灵深处的秘密，而弗洛伊德无疑是一位通过“梦”而走进人类灵魂深处的心灵考古学家。

弗洛伊德把“释梦”作为研究潜意识的基本工具，他的“梦反映了人的潜意识”的观点，在其后的100多年里，许多人都嗤之以鼻，认为是无稽之谈。随着科技的发展，1999年，美国聋哑暨交流障碍研究所的科学家爱伦·布朗运用正电子发射断层扫描成像技术对梦境活动进行了数年研究后，发现20世纪50年代的快动眼理论并不正确。首先是人类在睡眠的其他阶段也会做梦；其次，人类做梦时主观情绪与辨识这两部分都与潜意识紧密相关，这项发现不仅解释了人做梦时为什么会产生强烈的情绪波动与清晰画面，而且也与弗洛伊德的梦境潜意识理论不谋而合。

《梦的解析》是弗洛伊德创立的一个涉及人类心理结构和功能的学说，他的观点不仅在精神病学，也在艺术创造、教育及政治活动等方面得到广泛应用。

声名鹊起与身败名裂

弗洛伊德在20世纪的头几年里完成了大小不一的许多著作，其中，只有一部最为畅销，它出版于1901年，在弗洛伊德生前，已经出了11版，并且被翻译成了12种语言发行，这就是研究人日常行

图为正在召开的国际精神分析大会，第二排从左到右第八个是弗洛伊德。

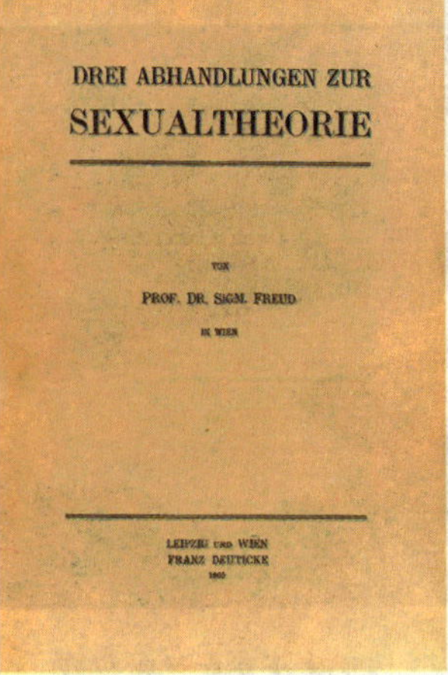

DREI ABHANDLUNGEN ZUR

SEXUALTHEORIE

VON

PROF. DR. SIGM. FREUD

IN WIEN

LEIPZIG UND WIEN

FRANZ DEUTICKE

在《性学三论》中，弗洛伊德透过精神分析的技巧，对性的问题做了一番系统地分析、研究，并阐明了他的性学学说。

为的心理学著作——《日常生活的心理分析》。

书中将许多日常生活中极细微的小事，例如说话走了嘴，一次笔误，忘记了约会等都作为分析研究的对象。在一次有关“闪失”（小毛病，小过失）的讲座中，弗洛伊德对听众说，他知道听众都会觉得这些鸡毛蒜皮的小事，不值得研究，可是，他以那别人无法模仿的迷人风度解释说，这都是线索，可以追踪隐藏起来的心理学真相。他认为，这些不光是小毛病，而且有非常重要的无意识在起作用。

尽管该书讨论的仍是无意识问题（弗洛伊德指出，受压抑的观念和欲望不仅表现在精神病人的症状和变态行为上，而且也表现在正常人的正常生活中。平常生活中人们的失误、口误、遗忘等表面上的偶然事件，实际上隐藏着人们的真实动机，即受压抑的无意识欲望和观念），但满篇都是从弗洛伊德自己的生活、病人的生活及报刊等其他来源收集到的逗笑的材料。如有人忘记了约会的时间，很可能是潜意识里开始厌倦对方，而不想赴约。正是潜意识动机抑制了记忆，导致遗忘。有个例子是弗洛伊德最喜欢举的：奥地利国会众议院要召开一次会议，众议院主席知道，这次会议不会有什么好结果。因此，暗地里是希望它早点结束。会议开始时，他正式宣布：“先生们，我注意到占合法大多数的出席者已经到场，因此我宣布，会议到此结束！”这是一个典型的说话走嘴，它暴露了主席内心的秘密。

几位心理学家在克拉克大学，1909 年。前排左起：S.弗洛伊德，G.霍尔，C.荣格；后排左起：A. A.布里尔，E.琼斯，S.费伦奇。

对日常行为的分析，也是弗洛伊德心理分析的一种方法。《日常生活的心理分析》一书因贴近人们的生活，而引起人们极大的兴趣。

《日常生活的心理分析》给弗洛伊德带来了前所未有的成功。他不仅名声大噪，而且经济效益也不错；然而，1905 年，他又亲手毁掉了这一切。这一年，他出版的专著《性学三论》，认为性是人类行为中最根本的力量。这比以前的作品《梦的解析》更惊世骇俗，它激起了人们普遍的愤怒。

弗洛伊德根据自己临床积累及医学文献中对此的确认性观察，认为性欲驱动力在婴儿期就存在了。即“儿童自小就有了性本能和性活动，它们是与生俱来的”。当然，他这里指的婴儿期和儿童期性欲，与成人的性欲是不同的，它是一种更为广义的冲动。尽管弗洛伊德把它叫做性欲，可实际上指的是追求任何意义上的肉体快感的普遍愿望。他认为对婴儿来说，最开始嘴唇是主要的快感带，最初通过吮吸，然后是通过衔咬和进食获取的。他还认为，不适当的育儿方式——如对进食的过分强调，或者没有禁止禁忌性的冲动——会影响孩子以后的性格特征，比如在口唇期过度沉溺的孩子，今后可能会在成年期极喜欢吃、喝和抽烟。而在3到6岁，会直接导致俄狄浦斯及爱莉克拉情结，约在5岁以后，会经历其性欲的压抑过程，进入人生的“潜伏期”，解除了他们由性本能引起的担心和焦虑，而将注意力、精力转移到上学和成长中。而在一些没有完全解决好俄狄浦斯情结的儿童中，他们是以病症的形式表现出来的；最后，孩子到了12岁的时候，青春期的荷尔蒙变化会唤醒沉睡的性冲动，被压抑下来的感情开始以社会可以容忍的形式向外宣泄，通常是导向家庭之外的异性。

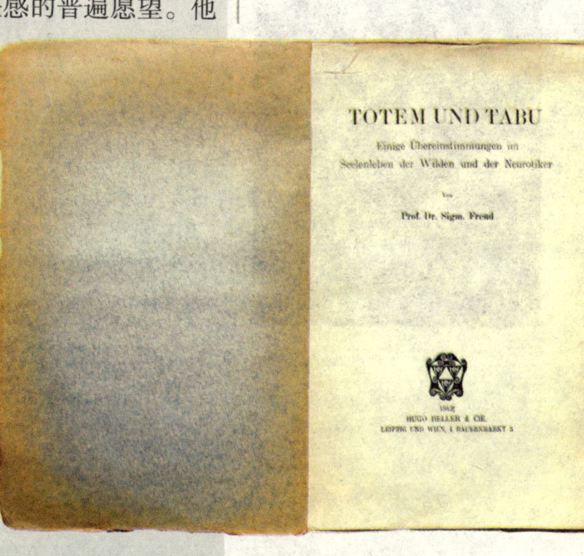
TOTEM UND TABU

Einige Übereinstimmungen im Seelenleben der Wilden und der Neurotiker

Von

Prof. Dr. Sigm. Freud

1913

HUGO HELLER & CIE.

LEIPZIG UND WIEN, I. BAUERNMARKT 3

《图腾与禁忌》是弗洛伊德所著的一本人类学及心理分析的著作。他试图通过一些保留在儿童时期的图腾崇拜的遗迹，亦即通过我们的孩子在其成长过程中呈现出来的那些细微迹象来推导图腾崇拜的原始意义。

弗洛伊德的心理性欲成长理论，通常被狭窄地误解为只关心性欲望和性行为，可实际上，它要解决大得多的一些问题：孩子气与成熟之间、本能欲望和社会规范之间，以及愿望和现实之间不可避免的冲突，这些问题的解决，对性格发展和社会生活都是至关重要的。

然而，在当时《性学三论》中关于儿童性欲的理论思想显然触犯了欧美中产阶级中一些思维受约束的小镇居民们。弗洛伊德被称为思想肮脏的泛性论者和“维也纳的浪荡子”，他写的书被定性为“色情作品”，是对儿童纯洁本性的玷污。按他的学生琼斯1955年的说法：“这本书的出版使他名声大败，很难鹊起，到现在依然如此，特别是那些没有受过教育的人。这本书被认为是对儿童天真无邪的诽谤。”可是，该书却在心理学界和精神病学界引起了极大的震动和广泛的讨论。《性学三论》被再版了多次，并被翻译成 9 种语言在各个国家广泛流传。詹姆斯·斯特雷奇评价说，这本书和《梦的解析》是弗洛伊德“对人类知识领域最为重要和最具开创性的贡献”。

阿尔弗雷德·阿德勒是精神分析学派内部第一个反对弗洛伊德的心理学体系的学者，他对后来西方心理学的发展具有重要意义。

【弗洛伊德与门徒】

弗洛伊德曾坦言，他的精神分析运动可分为两个阶段：早期单枪匹马，晚期门徒众多。自 1902 年始，他和他的门徒将精神分析运动推广开来，然而，在精神分析运动不断扩张的时候，内部分歧日渐严重，争吵不断，加上弗洛伊德不容许别人有异议，从而使矛盾激化，导致了分裂。门徒自立门户，发展新的理论，这似乎成了精神分析运动的一个模式。

阿德勒是星期三学会的最早成员之一，也是第一个和弗洛伊德公开分裂的人。阿尔弗雷德·阿德勒出生在奥地利维也纳近郊一个犹太商人家庭。他从小体弱多病，因患有佝偻病而身材矮小。他在家里的 6 个孩子中排行老二，从小就羡慕哥哥英俊的相貌。良好的家境让他受到了很好的教育，1895 年，他获取了医学博士学位。1902 年，他拜读弗洛伊德的《梦的解析》后，撰文为其辩护；同年，开创“星期三心理学会”，1910 年成为该学会第一任主席和学会杂志《精神分析杂志》的主编。阿德勒慢慢地认识到：影响儿童成长的最主要因素，与他或她在家庭中的位置有关，与父母的育儿方式也有关。如果这些位置与方式造成病态的倾向时，它们会在儿童身上形成“自卑情结”，从而导致希望补偿的行为。阿德勒不同意弗洛伊德的性本能学说，他发表一系列文章公开轻视性因素而强调社会因素，这使弗洛伊德大为不满，1911 年两人分道扬镳。

荣格在世界心理学界都得到了很高的评价，是现代心理学的鼻祖之一。1911 年被推选为国际精神分析学会的第一任主席。后因与弗洛伊德的分歧退出国际精神分析学会，自创分析心理学。

荣格是弗洛伊德最喜欢的门徒，曾被视为他的继承者。早在 1902 年，荣格发表博士论文《所谓神秘现象的心理与病理》，对弗洛伊德的理论，除其性理论外，极为赞扬，在非公开场合，这位青年学者热烈地回应《梦的解析》。从 1906 年开始，两人定期通信，互相交流。1907 年 3 月，荣格亲自去上坡路 19 号诊所拜访弗洛伊德，一谈就是足足 13 个小时，从此两人成为挚友，书信不断达 7 年之久。在这 7

年里，荣格与弗洛伊德及精神分析学派的其他成员共同创立了国际精神分析学会，经弗洛伊德提名，荣格出任第一任主席。1909年，荣格随弗洛伊德出访美国，在克拉克大学举办了一系列讲座，成为精神分析运动在美国传播和发展的一个重要里程碑。1913年，荣格发表了《精神分析理论》，公开反对弗洛伊德把性能量解析为原始性欲的观点。1914年，荣格从弗洛伊德运动中正式分裂出来，并形成自己的学派。

弗洛伊德和他的门徒的亲密友谊与合作，对精神分析运动的开展至为重要。他们将精神分析运动推上峰巅，成为世人瞩目的学派，理论上的分歧，导致最终的分裂，但这也使精神分析学理论更为丰富。荣格、阿德勒在自立门户后，都提出了自己独创性的观点，对精神分析做出了巨大的贡献。

弗洛伊德在维也纳的房子。他在维也纳度过了一生中大部分的时光，对这里有着深厚的感情。

【晚年岁月】

自1909年，弗洛伊德的名声便扶摇直上，到两次世界大战之间达到顶峰。他的名字已经家喻户晓、无人不知了，尽管只有很少的人真正读过他的著作，但是，读过书的人大都知道他是谁。他对现代思想的影响常与爱因斯坦相提并论，许多著名的学者都给他写信或者找机会攀龙附凤，媒体业巨头试图以他的声名大捞一把。1924年，审理里昂波德与里欧波谋杀案的时候，《芝加哥论坛报》的出版人罗伯特·麦克哥米克上校出资2.5万美元，请弗洛伊德到芝加哥分析这两位富有而年轻的谋杀犯（他俩为寻求刺激杀死一个朋友），可弗洛伊德拒绝了。弗洛伊德曾被戏称为“爱情专家”，萨缪尔·高德温以10万美元为报酬，请弗洛伊德帮他制作一些描述历史上著名爱情故事的电影，分

析爱情故事中的男女主人公，弗洛伊德平静地拒绝了。他的答复成了《纽约时报》的头版头条：“弗洛伊德婉拒高德温，维也纳心理分析大师对高额电影协作款不动声色。”弗洛伊德对这些声名兴趣不大，他很平静地生活着，在那间摆满旧物的诊所里治病、研究，然后和一家人去郊区度假。

他的精神分析运动也在不断扩张、不断分裂之中。门徒大量流失，出走的又在国际间对他形成威胁，面对这种情况，弗洛伊德除了平静地接受，还有满心的酸楚。就在他那间陈列着无数考古发掘物与书籍的屋子里，弗洛伊德依然不断地著书立说。1920年的《超越快乐原则》一书中，弗洛伊德将“死亡冲动”——也就是生存本能的反面——理论化。这种冲动会把人的反应力逐渐降低，终至生机皆无。1925年5月，弗洛伊德写给安德烈亚斯·莎乐美的信中说：“好像什么事都提不起兴趣。”1923年出版《自我与本我》。1927年完成《幻觉的前景》，讲宗教起源；1930年完成《文明及其不满》，讲人类对欲望的控制，这才有可能形成团体的要素。1938年，他以讲一神教起源的《摩西与一神教》封笔。在病魔的折磨、亲友的离去及门徒的背叛中，弗洛伊德坚强地挺过来。1900—1923年，他修正和完善了他的心理学著作。1923—1939年，他的理论超越心理学范畴，而深入到社会学领域。

1933年，纳粹希特勒上台，开始疯狂地迫害犹太人。许多精神分析学家纷纷离开德国或奥地利。面对迫害的狂潮，弗洛伊德非常镇定，他写信给当时在巴黎的希腊公主玛丽·波拿巴特：“人们担心德国的种族主义狂热会波及到我们这个小小的国家。我不相信这里有危险。如果他们把我杀了，那也好。这不过和平凡死去一样，没有什么了不起。但很可能这仅仅是一种夸张的说法。”然而，5月，柏林宣布他的书为“禁书”，并焚烧了弗洛伊德的全部著作。

1938年，纳粹德国开始疯狂吞并奥地利。3月22日，弗洛伊德在记事簿里简单地写道：“安娜到盖世太保那儿去了，真是触目惊心，事情怎么会成这样呢？”形势太危急，当天，弗洛伊德的门徒兼保护人玛丽·波拿巴特自巴黎赶抵维也纳，当晚，弗洛伊德的女儿安娜被释放。但灾难并未过去，一伙暴徒又占领了国际精神分析学会出版社，抄了弗洛伊德的家，弗洛伊德的生命也受到严重威胁。在美国总统罗斯福的干预下，在亲朋好友的帮助下，纳粹德国政府迫于各方面的压力，答应让弗洛伊德出境。

逃走前，摄影师恩格曼决定把弗洛伊德的公寓和办公室原貌，用照片保存下来。他说，弗洛伊德一家非常沉默。安娜说：“人们的脸上有了新的表情——难民的表情。”弗洛伊德看上去胆怯、虚弱。“我让他把眼镜摘下来，他只是勉强笑了笑。”1938年6月，弗洛伊德逃离了居住78年的城市——维也纳，经巴黎抵达伦敦。离开的时候，弗洛伊德心情极为沉痛，他知道此去将永不复返了，他已是垂死的老人了。随身携带的，只有那些古雕像和整个人类学术思想的伟大杰作，而他的4个妹妹留下来，最后全死在集中营。

【客死英伦】

弗洛伊德被迫逃离生活了近80年的故土——维也纳。而一到伦敦，他

就受到英国朋友热烈地欢迎。6月23日，英国国王亲自到弗洛伊德的寓所看望他。英国皇家学会的秘书带来了该学会自17世纪中叶以来代代相传的纪念册。当弗洛伊德签名的时候，他的心情异常激动。在这个纪念册上，有伟大的科学家牛顿和达尔文的签名。其实，早在1935年，弗洛伊德就成为英国皇家学会名誉会员。皇家学会认为："他的思想是20世纪最为重要的思想之一，他的学说已越来越广泛地影响到人类社会，对无意识心理的发现与研究以及他所采用精神分析的方法，都给了我们重大的启示，无疑将成为20世纪人类最有价值的财富。"

1939年2月，弗洛伊德的下颚癌已经发展到无可挽救的阶段。8月，弗洛伊德已难以进食；他平静地面对死亡，毅然决定选择自己的命运，苦痛已非人所能承受。9月，他的下颚已全部烂掉。他曾告诉女儿安娜，不要让他临死前受不必要的痛苦。23日，他告诉安娜，"那个时刻到来了。"他听着巴尔扎克的《驴皮记》，平静而坦然地迎来死神。弗洛伊德说："这本书正好适合于我，它所谈的就是饥饿。"

弗洛伊德终生从事著作和临床治疗。他的思想极为深刻，具有创立新学说的杰出才赋，是一位先驱者和带路人。

弗洛伊德漫长的、充满斗争的一生结束了，一个伟人离去了，而他的精神遗产却留给了整个世界。

弗洛伊德一生著述丰富，共发表各类论文近百篇，出版专著10余部。他所创立的精神分析学说在西方世界广为传播，他亦被认为是影响20世纪人类社会生活的重要学者之一，有人甚至把他与爱因斯坦相提并论。对于他所开创的精神分析学说，学术界历来褒贬各异，大相径庭。誉之者尊其为"开辟精神世界的哥伦布"，毁之者贬其为"江湖术士"。而弗洛伊德生前曾坦言："战争还远没结束。"然而，他的学说开创了一个新领域，永久地扩大了现代心理学的视野并改变了它的方向。

大事年表

1856 年　弗洛伊德生于(现属捷克的)摩拉维亚的弗赖堡。

1865 年　进施帕尔中学学习。

1873 年　进入维也纳大学医学院。

1875 年　赴英国旅行,回维也纳后立志攻读医学。

1882 年　与玛莎·贝内斯邂逅并订婚。

1885 年　被任命为维也纳大学讲师。10 月,得到一笔奖学金后前往巴黎,师从法国神经学家夏尔科。

1886 年　在维也纳开业行医。

1900 年　《梦的解析》问世。

1905 年　出版《性学三论》。

1909 年　应美国马萨诸塞州伍斯特市克拉克大学校长霍尔的邀请,与荣格等前去参加该校 20 周年校庆活动,并做了精神分析学方面的系列演讲。自此,精神分析学在美国开始产生影响。

1930 年　荣获歌德文学奖,因健康等原因,由女儿安娜·弗洛伊德前往法兰克福参加授奖仪式。

1938 年　纳粹入侵奥地利,"国际精神分析出版公司"财产被全部查封。6 月,在欧内斯特·琼斯等人帮助下克服重重障碍,离开维也纳前往英国伦敦。9 月,接受最后一次手术治疗。

1939 年　3 月,《摩西与一神教》出版。9 月 23 日,在伦敦去世,享年 83 岁。

尼采

Friedrich Nietzsche

尼采一直是一个备受争议的人。是他首先宣布："上帝死了！"，给后世带来了深远的影响。可以说，没有尼采，就没有我们现在的世界。他严肃地思考人类和人生，认真看待友情和亲情，却在死后被篡改成了一个狂热的法西斯主义者。战争的阴云散去后，人们也开始重新认识这位伟大的思想家，真正接触他那可贵的思想和炽热的心灵。

让我们真正地走近他，感受他那让人热血沸腾的富有生命力的哲学吧！

少年时代的尼采

洛肯小镇上尼采的诞生给这个乡村牧师的小家庭里带了很多的欢乐。

1844年10月15日，在普鲁士接近莱比锡的小镇洛肯，一个小男孩在一个叫卡尔·路德维希的乡村牧师家出生了。这一天正巧是普鲁士国王的生日，因此路德维希夫妇都很高兴，不过，他们并不知道，这个小男孩日后的声名可能比普鲁士国王还要大。他的名字——尼采将会被铭刻在人类的记忆中。关于自己的出生，尼采后来回忆道："无论如何，我选在这一天出生，有一个很大的好处，在整个童年时期，我的生日就是举国欢庆的日子。"

尼采的父亲是路德派虔诚的教徒，就在离家不远的教区当牧师。他为人善良，爱好文艺，对幼年的尼采影响很深，不幸的是，由于身体孱弱，在尼采5岁时，这位慈爱的父亲就去世了。祸不单行，几个月后，尼采刚满两岁的弟弟约瑟夫又夭折了。亲人接连不断的去世，给尼采幼小的心灵带来了巨大的伤痛。他就像一棵刚刚发芽的树苗，还没有充分地得到阳光和雨露的滋润，就感受到了人生的悲惨和无奈。从此，他幼年的快乐生活被打乱了，他本来就脆弱的心变得更加敏感、忧郁，这也铸成了他日后郁郁寡欢的性格。后来他曾回忆道："在我早年的生涯里，我已经见过许多悲痛和苦难，所以全然不像孩子那样天真烂漫、无忧无虑……从童年起，我就寻求孤独，喜欢躲在无人打扰的地方。这往往是在大自然的自由殿堂里，我在那里找到了真实的快乐。"

17岁的中学生弗里德里希·尼采，1861年。

少年时，尼采的身体很不好，经常生病，眼睛又近视，而且，他的性格也很孤僻。在学校里，除了偶尔和性格开朗的妹妹伊莉莎白做游戏、溜冰、游泳外，尼采几乎没有和别的小伙伴玩耍过几次。平常的时候，他总是躲开其他的同学，独自抱着一本厚厚的《圣经》阅读，还经常冥思苦想，因此同学们在背后都称他为"小牧师"。

但尼采并不是一个枯燥刻板的人，相反他十分热爱音乐和文学。他在瑙堡上小学时，母亲还带他去结识了一些当地的音乐家，他们的学识和才华使小尼采开阔了眼界，加深了他对音乐的理解和感悟。除此之外，他还爱写诗歌，经常创作一些忧伤而优美的诗。

尼采的父亲去世后，他跟随母亲搬迁到萨勒河畔的瑙堡，与他的祖母和父亲的两名未婚姊妹共同生活。

尼采幼年的经历和爱好对他以后的哲学事业产生了不可估量的影响。关于这一点，他青少年时代的一个朋友曾说："他基本的特点是忧郁，从童年时起他就喜欢独处和深思，他心地善良而深沉。虽然还是个孩子，他当时就已经在思考许多大多数与他同龄的孩子们从不去注意的问题了。他从不做任何未经思考过的事情，而且不论他做什么事情都有明确的目标和充分的理由。此外，谦虚和知恩也是他的两个主要特点。"

求学时代

14岁时，尼采进入了普夫达中学。这所学校的课程以古典教育为主，而且以训练严格出名。这所学校有着辉煌的历史，因为它曾培养了不少著名人物，比如诗人和戏剧作家诺瓦尼斯、哲学家和爱国者费希特、语言学家和研究莎士比亚的学者施莱格尔等人，他们早年都曾在这里接受教育。

在普夫达中学里，尼采接受了希腊和罗马古文学的训练，这也是他首次接触到与家中基督教教育完全不同的环境，尼采在这段时间也专注于撰写诗赋和音乐。

尼采在这个时期对希腊神话产生了强烈的兴趣，他还计划与同学宾德共同完成一部关于普罗米修斯的戏剧，并着手收集了希腊神话中关于普罗米修斯的大量资料，他雄心勃勃地说："我们要尽量写得绚丽多彩、栩栩如生、动人心弦，总之，要写得惊人。"除了对希腊和拉丁文化感兴趣外，尼采还认识到研究德意志的古典作品、学习历史和地理以及外国文化也是非常重要的。在普夫达中学，他认真研究了德国的古典哲学和古典文学，同时也用心阅读了席勒、歌德、贺德林、拜伦、莎士比亚和卢梭的作品，在这些人当中，他对贺德林、莎士比亚和卢梭最为崇拜。

也是在这个时期，尼采开始对基督教的清规戒律产生了厌倦的情绪。1862年4月，尼采发表了他

图为尼采毕业那年的普夫达学校的教育工作者。当时的数学老师认为尼采的毕业有危险，因为他的数学成绩很差。

的第一篇哲学短论《命运和历史》。在这本书中，尼采对基督教所宣扬的上帝的存在、灵魂不朽、《圣经》的权威、神灵的教义等内容都表达出了自己初步的怀疑，他说："我们现在甚至都不知道人类自身是否仅仅是整个宇宙、整个进化过程中的一个阶段或一个时期，也不知道人类是不是上帝的主观表现形式……人类自身是一种手段呢？还是一个结局？"从此以后，他对上帝这个偶像越来越不相信了，对神的思考也越来越深入了。

伴随着对上帝的怀疑，尼采的哲学思想也开始在大脑中萌芽，他开始相信自由对人类自身的发展有着很重要的影响，他在给朋友宾德的文章中说："绝对的意志自由和独立的命运会使一个人臻于完美的境地，而宿命的原则却使人成为丧失自我的机械人。"

这个时候的尼采，不光是在思考这些深奥的哲学问题，他逐渐地对人生的意义和人生的幸福有了自己的看法。1863年，他在给姑妈的一封信中说："慰藉你心灵、美化你生活的是你内心的祝福而不是外在的恩惠，那些物质小利都是微不足道瞬息就会失去的。"也就是从这个时候开始，尼采就打定主意不去过一般世俗人所过的所谓快乐平庸的生活，他要追求一种精神上的快乐。

年轻的尼采希望以父亲为榜样也成为一名牧师，因此他时常给伙伴朗诵《圣经》里某些章节，为此他获得了小牧师的称谓。在普夫达中学他逐渐接受了希腊和罗马古文学的训练，逐渐转向文学研究。

在即将从普夫达学校毕业时，尼采为自己确立了未来的事业方向，他在后来的自传简历中写道："为了未来的求学，我给自己提出了一个明确的原则，抑制自己兴趣广泛却一知半解的倾向，培养自己对某一专业的兴趣并且探索它的最深奥的秘密。"所以，他决定放弃从事他所热爱的艺术的想法，而立志去研究语言学。

从普夫达中学领到毕业证后，尼采与朋友保罗·杜森在家乡瑙堡快乐地玩了半个月，然后又到莱茵地区去度假。过完生日后，他乘船去了波恩，在那里他又开始了他的大学生活。

【与叔本华的"相遇"】

1864年，尼采和他的朋友杜森进入波恩大学攻读神学和古典语言学，但第一学期结束，他便不再学习神学

了。造成尼采转变的原因之一可能是阅读了神学家大卫·斯特劳斯所著的《耶稣的生平》一书，这对当时年轻的尼采产生了极大震撼。

叔本华在理智的孤独中完成了他的代表作品《作为意志和表象的世界》，这部作品受到了印度哲学的影响，被认为是将东方和西方思想融合的首部作品。

1865年，他敬爱的古典语言学老师里奇尔到莱比锡大学任教，尼采也随之到了那里。这年晚秋的某一天，是一个对尼采一生影响巨大的日子。因为在这一天，他“邂逅”了叔本华。那一天，尼采闲来无事，在莱比锡的街头闲逛。这时候，他看见了一家旧书店，于是，尼采信步走了进去，在书架的一个偏僻角落里看到了一本书——《作为意志和表象的世界》。书出版于1819年，作者是叔本华，尼采随手翻开，谁知一看就被深深地吸引住了，随后他迫不及待地将这本书抱在胸口赶回家中。后来他曾对这件事回忆道：“回到家后，我便靠在沙发上读起了刚刚得到的那本珍贵的书，我开始让那本有力但沉闷的天才之作占据我的心。书里的每一行都发出了超脱、否定与超然的呼声。我看到了一面极为深刻地反映了整个世界、生活和我内心的镜子。”

在接下来的两个星期里，尼采每天凌晨2点上床，6时起床，完全沉浸在这本书中，心中充满神经质的激动。他觉得叔本华好像专门为他写了这本书一样。在读完叔本华的《作为意志和表象的世界》之后，尼采在给母亲和妹妹的信中这样写道：“我知道生活中含有苦难，我们越是想享受生活的一切，也就越会成为生活的奴隶。所以我们都抛弃生活中的享乐并实行节制，对自己缩衣节食，对他人则宽容仁爱，正是因为我们怜悯那些在受苦受难的人们啊！”

那时，尼采非常困惑：为什么像叔本华那样的天才会被现世所抛弃，他伟大的著作为何只在书架的偏僻角落才找得到？不过从此，叔本华成了这个青年心中的偶像，尼

采在以后也被认为是叔本华唯意志论的继承者。

自从读了叔本华的第一本书之后，尼采又把叔本华的其他著作仔细地从头至尾阅读了几遍。与每一位思想探索者一样，尼采在前辈的行列中找到了一位知己，而这位知己又激励着他去继续探索前人没有走完的路。虽然尼采在早期的著作中，对叔本华的著作充满了赞誉之辞，但在他后期的著作中这种赞美就渐渐地消失了，而且甚至走上了与这位精神导师相反的道路。叔本华是站在否定生命立场上的思想家，而尼采在后期的学说中则是肯定了生命，他主张去战胜人生的痛苦，完成人生的意义。

军旅生涯

坦率地说，尼采的军旅生涯并不是那么成功的。由于身体的孱弱，他的每一次服役没有真正到期就半途而废了。但是，这些短暂的从军生涯丰富了尼采的人生经历，在一定程度上也给他的一些哲学思想带来了启示。

普鲁士为了统一德国，给德国资本主义提供一个迅速发展的环境而与奥地利爆发了普奥战争。战争开始后，普鲁士的许多青年纷纷应征入伍，尼采也无心在校听课了，他甚至比其他一些人更迫切地希望从军，因为他认为："当祖国进入了生死存亡的时候，在家里坐着是非常不光彩的事情。"于是，尼采便成了德国应征入伍的年轻人中的一员。

尼采在1866年读了弗里德里希·艾伯特·朗格所著的《唯物主义之历史》一书，他很快便迷上这本书里的哲学观，这对他后来哲学观点的形成也有着很大的促进作用。

1867年，尼采到瑙堡的炮兵部队服役。刚进这个部队里，新兵每天除半小时午饭外，要从早晨7点训练到晚上6点，由于尼采身体差，上级给了他特殊照顾，让他享受每天住在家里的待遇。所以，每天晚上他都可以自由学习。他曾说："即使我回家时筋疲力尽，浑身汗水，可只要一看到桌上洛德送的叔本华的照片，我就感到了宽慰。"

就在尼采刻苦训练、踌躇满志的时候，一件意外的事情发生了。他在一次训练时，不慎从马背上摔了下来，胸部肌肉被严重拉伤了。那天，剧烈的疼痛曾两度使尼采昏迷过去。他在病床上躺了10天，军医为他动了手术。

虽然在军中，尼采的学术研究却并没有停止。他的身体刚一复原，便又开始了学术工作。这时候，他开始写作第一篇哲学论文——《康德以来的目的论》。在这篇文章中，

普法战争是普鲁士为了统一德国并与法国争夺欧洲大陆霸权而爆发的战争。尼采在1870年至1871年的普法战争中加入了普鲁士军队，担任医护兵职务。

尼采以康德为起点，对康德以来的各种目的论学说进行了全面的归纳。他认为，虽然世界上生命形式种类很多，使人难以相信它们都是演变的结果，但也没有必要去假设自然现象背后有什么预先安排好的计划。

尼采从瑙堡炮兵部队退役后，又重新回到了莱比锡大学，在莱比锡大学他发表了关于语言学的演说，受到了师生们的好评。由于他语言学功底非常扎实，工作又认真刻苦，所以莱比锡大学的不少人，都认为他在语言学上必定会有所作为、成就一番事业。尼采也决心刻苦奋斗，为的是将来能在莱比锡大学当上一名讲师。

1870 年，尼采又入伍了。这一时期，北德意志联邦进一步把德国境内所有的诸侯国统一起来，为德国资本主义的发展扫清障碍。而当时的法兰西帝国却不希望德国强大起来，他们想以战争来阻止德国的统一，限制德国的发展，同时还可以转移自己国内的矛盾。于是，普鲁士和法兰西的战争终于不可避免地爆发了。

这一年的秋天，尼采在受过一些简单的护理训练后被派往前线救护伤员。他和朋友坐火车一直走了两天，才到达了前线。一路上，他亲眼目睹了战争造成的可怕结果。这一切大大改变了他以前对于战争的看法。他在给瓦格纳的

信中说："我乘坐的是一节破旧的运牲口的车厢，有六个重伤员。我一个人整天和他们在一起，给他们包扎，护理他们。这些伤员有的子弹穿过了他们的骨髓，骨头被打碎了，有的人四处负伤，还有的人皮肉都腐烂了。现在看来，当时我能从那些腐烂的臭气中幸存下来，并且居然还能睡得着，吃得下饭，真是个奇迹。"这些可怕的感觉使尼采对战争产生了反感的情绪。虽然德国在战场上节节胜利，但尼采对战争的厌恶程度越来越深了。他在给朋友戈斯多夫的信中说："我很担心我们将来的文化情况，我认为现在普鲁士对一切文明国家是一种非常危险的形势。"普法两国的战争，以及双方大量人员的死伤，使尼采越来越觉得人类的战争很难理解，同时也加深了他认为德国文化是一种野蛮无知文化的看法。

图为普法战争中设置街垒的巴黎学生志愿军。尼采短暂的军旅生涯带给他极大的震撼，让他见识到了战争带来的毁灭。在从军期间他也染上了痢疾和白喉。

普法战争最终以法国战败投降、普鲁士国王到巴黎凡尔赛宫加冕而结束了，尼采非常鄙夷地认为普鲁士国王的举动是一个浮夸而庸俗的行为。当全德国人都陷于爱国主义的激动时，尼采却带着厌恶的心情在一旁冷眼旁观。后来，尼采在自传里对普法战争中胜利的德国进行了严肃而冷静地批评，他说："德国文化没有意义，没有实质，没有目标，只不过是所谓的'公共舆论'。再没有比这更坏的谬见，以为德国军事胜利乃是教育文化的成功或以为这样就比法国文化还优越。"

虽然尼采很讨厌这场战争，但他却被凯旋的普鲁士军队的威武雄壮而打动了。他感到，最高最强的生命意志并不表现在可怜的生存竞争当中，而是表现在作战的意志当中，表现在权力和优势的意志当中。他把这种意志归结为一个“要”字，要战斗，要权力，要超过一切的权力。这就是人最本质的东西，是生命的意义，是意志的价值。所有这些内容都是尼采哲学的重要组成部分。

【年轻有为的教授】

在里奇尔教授鼓励下，尼采开始写作关于古希腊诗人西奥格尼斯的论文。他花费了大量时间收集了关于西奥格尼斯的很多资料，并用两个月时间完成了这篇论文。这篇论文发表后，引起了里奇尔教授等许多人的热烈赞扬，尼采的同学们也对这篇文章推崇备至。取得这些成绩后，尼采并没有满足；相反，他以更大的热情投入到学术研究之中去了。

不久，尼采又开始研究希腊神话中的酒神狄俄尼索斯。1867 年，他来到柏林，并完成了有关狄俄尼索斯的论文。在这篇论文里，尼采第一次对古希腊的酒神狄俄尼索斯进行了别开生面的阐释，认为它是希腊艺术的重要根源。这篇

在开始研究哲学前，尼采是一名文字学家。在 25 岁时，尼采便成为了巴塞尔大学的古典语言学教授。

论文发表后，令所有人耳目一新。于是，尼采的声誉再次鹊起，他在学术上的名气也越来越大了。为了鼓励尼采在学术上的成就，莱比锡大学决定免试授予尼采博士学位。

1869年，学成归来的尼采带着博士学位，正式开始了在巴塞尔大学的执教生涯。在恩师里奇尔的大力推荐下，尼采轻而易举地获得巴塞尔大学提供的教授职位。里奇尔教授在信中说："39年来，我亲眼看见许多优秀的青年发展着，但是我还没有看到像尼采这样年轻而又如此成熟、灵敏……如果他能长命，我可以预期他将成为德意志文献中的最杰出人才。他现在才仅仅25岁，健壮而有活力，身心充满了勇气……他在莱比锡整个青年古典语言学者的领域，已成为崇拜的对象。"可以说，里奇尔是最早慧眼识尼采的人，他的这些话也反映出尼采在语言学研究方面所拥有的过人天赋和所取得的成就。

1871年10月中旬，从左至右：好友欧文·罗德、卡尔·冯·格尔斯多夫、和弗里德里希·尼采。

一回到巴塞尔大学，尼采就发表了《荷马与古典语言学》的演讲。因为尼采的声名，人们都想一睹这位年轻有为的教授的风采，看看他是不是名副其实，所以演讲大厅里挤满了人。面对这样的场面，尼采毫不畏惧，侃侃而谈。在这场演讲中，尼采大胆地提出：语言学不是一门纯科学，而是与艺术紧密地交织在一起的。这种对古代文化的理想化也许是源于日耳曼人对于南方的怀旧情绪，然而古典主义者应该填平理想与现实之间的鸿沟，他申明了自己的信条："所有的语言活动都应当孕育于并包含在某种哲学世界观之中。这样，在个体或彼此分离的细节像所有能被抛弃的东西那样消灭之后只剩下它们的总体，即一致性。"这些极具天才性的思想，让人们如沐春风，同事们对这位年轻的教授也非常佩服。

这个时候的尼采可以说是志得意满，春风得意了。他每天都被邀请参加贵族名流的晚宴，是社交界的新宠。但过了不久，尼采就对这样的生活厌烦了。

他甚至对语言学的兴趣也大不如从前了，因为他对语言学研究的价值产生了怀疑，就像过去他曾否定过神学一样，现在尼采又要否定语言学了；他还觉得，自己的老师里奇尔研究的范围过于狭窄了。

此时的尼采已深深地处于孤独之中。离群索居已远远不能表现尼采心中那份孤独，喧嚣的尘世已让尼采找不到他的同类。

尼采不是一个真正的学者，他并不愿意整天埋在故纸堆里去研究别人的旧东西，他喜欢新奇而深刻的东西，他对生命和人生的价值等问题都有非常深刻的思考。他不安的灵魂总是在寻找什么，他渴望找到一片能够使自己内心得到满足的天空。也就是在这个时候，尼采开始认识到自己是个多面体，组成他自己的各个部分总是处于矛盾之中。他对自己的状态越来越不满意，同时，他也对同时代的人不满意，他经常用"庸俗"这个词批评和他同时代的人。

尼采越来越感到孤独，他给好友洛德去了一封长信说："今天是叔本华的生日，除了你以外我再没有更亲近的人可以谈心了。我生活在一片孤独的灰云里，特别是在聚会的时候，我无法拒绝人情应酬的压力，不得已在会场上和形形色色的手拉在一起。在这样的聚会里，我总是听到吵吵嚷嚷的声音，而找不到自己的知音。在这个地球上，怎能叫我忍受这个大染缸。这种庸俗化的空气，扰乱了我的神经。而所有身边的相识，竟没人体察到我的感觉。这些人呼我为'教授'，他们自己也被这头衔冲昏了，他们认为我是太阳底下最快乐的人。"在尼采以后的日子里，孤独感始终挥之不去，伴随了他一生。

与瓦格纳的友谊

尼采在学生时代就很喜欢瓦格纳的作品，他喜欢瓦格纳的音乐对力度与美的表现，尤其喜欢那些歌颂战争和男性果敢的作品。他在《不合时宜的考察》中说瓦格纳："从来不知道什么叫惧怕。"他还认为，瓦格纳是唯一的一个真艺术的开创者，是第一个把各种艺术熔铸成综合美的

理查德·瓦格纳，德国作曲家。因为在政治、宗教方面思想的复杂性，使其为欧洲音乐史上最具争议的人物。他与尼采曾是关系很好的朋友，当瓦格纳改变其音乐风格之后，尼采与他决裂。不过他的音乐手法与剧场观念，曾深深影响了20世纪的各种艺术。

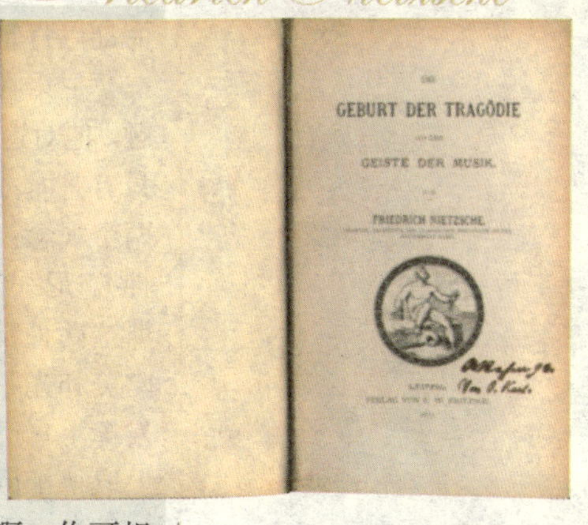

《悲剧的诞生》是尼采哲学的处女作，是尼采拿来献给当时仍为他所崇拜的一代大师瓦格纳的美学著作。这本书的出版在社会上引起了轩然大波，大部分人不满意书中的观点。

人。另外，他在《悲剧的诞生》中也对瓦格纳进行了赞扬。他说："从德意志精神的酒神本性中涌现了一个和苏格拉底的教化格格不入的力，自巴赫到贝多芬，自贝多芬到瓦格纳，这个力在盘旋着，好似太阳永远在大宇宙中运行一般。"

事有凑巧，一个偶然的机会使尼采结识了他仰慕已久的大音乐家。1868 年的一天，尼采在朋友的介绍下认识了隐居起来的瓦格纳。他们彼此都有相见恨晚的感觉，进行了长久而热烈地交谈，谈的最多的就是他们共同喜爱的叔本华哲学。事后，尼采在写给朋友的信中说："啊，你可想见，他以难以形容的热情谈论叔本华，说他感谢他，说他是懂得音乐本质的唯一哲学家。这对我是何种的享受。"尽管那时瓦格纳已是著名的作曲家，又是哲学家和革命家，还受着国王的极度宠爱，但这样并不妨碍两人的交往；相反，瓦格纳对这位比自己小 30 岁的年轻语言学家很感兴趣。尼采后来曾把瓦格纳称为"叔本华在精神上的兄弟"。

尼采与瓦格纳交往的十分密切。除了互相拜访和讨论外，他们还在学业上互相予以指导。瓦格纳热情地向尼采推荐了一大批被当时的德国人冷落了的德国古典学者。于是尼采在巴塞尔大学图书馆里仔细地阅读了他们的著作并作了大量笔记；同时，瓦格纳为了让尼采更好地了解他，还拿出了他自己早期所写的关于美学和哲学方面的杂文，让尼采阅读。

1870 年，尼采认为，悲剧性音乐戏剧将在德国得到复兴。在瓦格纳夫妇的鼓励下，他准备为他作公开演讲的主题写一本书，这本书就是后来的名作《悲剧的诞生》。

《悲剧的诞生》

1872 年 1 月，尼采收到了他平生出版的第一部哲学著作《悲剧的诞生》。

在这本书中，尼采通过对古典语言的研究得出了崭新的结论。他满怀激情地指出，只有在美感现象中，生命和世界才显得有价值。在《悲剧的诞生》中，美感价值成了该书唯一认可的价值。而这种美感价值也成了他日后对生命加以肯定和礼赞的思想根源。

尼采在这部伟大的著作中，着重探讨了生命意义的问题。他对这个问题的回答是：只有靠艺术才能拯救生命，也只有艺术才能赋予生命一种审美的意义。为此，他提出了两个观念：一个是阿波罗（日神），另一个是狄俄尼索斯（酒神）。尼采认为，所有的希腊艺术都是由阿波罗和狄俄尼索斯这两种精神的互相激荡而产生的，在日神阿波罗的恬静幽美和光彩四射之中，希腊人的梦幻被唤醒了。于是他们发挥了自己的想象，形成了种种艺术冲动，并在造型艺术上取得了巨大的成就。这里，尼采把阿波罗当做了人的梦幻世界产生的源泉，他以为正是阿波罗神支配了人们内在梦幻世界的美丽形象，在冷酷的现实世界上涂上了一层美学的面纱，创造了一个理想的形式与美的世界。而狄俄尼索斯则是酒神，它是生命之流的象征，它会冲破一切障碍，排除一切限制。在酒神狄俄尼索斯的庆典中，人们载歌载舞，沉醉狂欢。酒神使人的情绪激昂兴奋，在激奋的情怀中，人的个体意识开始解体，并得到了一种宇宙中“大我”的体验，人因此感到已超脱了现实人生，并从痛苦和毁灭中获得了悲剧性的快感；而酒神狄俄尼索斯的典型的艺术形态，就是悲剧和音乐。

尼采在1872年正式出版《悲剧的诞生》一书。然而，其他的古典哲学教授包括里奇尔在内都对尼采的新书不感兴趣，因为尼采在这本书里放弃了精确的文字学研究方式，而是改用哲学的演绎方式进行论述。

在《悲剧的诞生》里，尼采还提出了自己关于苏格拉底和希腊文化的看法。他第一次把苏格拉底认定是希腊文化衰落的关键。而且，他还对叔本华和柏拉图等人都进行了批判。尽管尼采受叔本华影响很深，但在这一阶段，他已摒弃了叔本华的悲观厌世思想。通过对古希腊古典悲剧的分析，尼采认为希腊人洞察了人生的惊险恐怖，但是他们仍然勇敢面向人生。希腊人借助于日神和酒神精神，对世界给予了肯定。艺术拯救了希腊人，通过艺术，希腊人重新获得了生命的意义。他描述说：“希腊人创造了许多神祇，以显示他们对于生命的肯定。透过阿波罗之美的动力，渐渐地从原始的恐怖，发展出奥林匹斯众神的喜悦统治，犹如玫瑰花从荆棘丛中萌芽一样。不然，一个如此过度敏感，如此情绪激动，如此深受苦难的民族，怎能忍受人生呢？那显示人生完满，并保存存在价值的艺术冲动，产生了奥林匹斯世界，这世界

实为反映希腊意志的一个变形镜。”

《悲剧的诞生》一书出版后，在社会上引起了很大反响。有的人理解，有的人表示反对。尼采在巴塞尔大学的许多同事对尼采出了这样一本荒诞的书表示沉默，因为这本书完全不合古典语言学学术传统。他们对此感到十分震惊，连尼采的恩师里奇尔教授也十分不满。在《悲剧的诞生》出版后，尼采曾给里奇尔去信说：“我觉得您一生中，若遇到过什么充满希望的东西的话，也许就是这本书了。尽管有些人会受到打击，但是这部书是我们古典问题研究的希望，也是德国的骄傲。”里奇尔教授虽然没有当面批评尼采，但是他在日记中评价尼采时说，尼采已是一个“自大狂”了。

虽然对这本书还有争议，但当时的学术界对《悲剧的诞生》基本上是持否定态度的。由于学术界对这部书的排斥，使得尼采的学术威信一下子从天上落到了地下。一时间，他的学生们纷纷离开他。这一年的冬天，他发现没有一个专攻古典文献学的学生来选修他开设的关于古希腊诗人荷马的研讨班和讲座课。

1870年尼采将《悲剧的诞生》一书的手稿送给柯西玛作为生日礼物。

与瓦格纳决裂

尼采和瓦格纳的友谊一直是人们所津津乐道的。但是，这段友谊却是以决裂而收场的。

1872年4月，瓦格纳夫妇来到拜路特，在那里建立了一座规模宏大的国家歌剧院。这个时候的瓦格纳，已经失去了往日对于理想的热情，而是志得意满、不思进取。尼采每次来见瓦格纳，他都大谈特谈自己的会演工作，吹嘘自己是如何的了不起。他对尼采试图与他讨论的哲学问题不再有丝毫兴趣，这使自尊心极强的尼采深感压抑，在心理上逐渐产生了抵触情绪。

在这样的关系下，尼采与瓦格纳再也不可能有过去的亲密了。于是，尼采以《瓦格纳在拜路特》为题，写下一篇文章表达他对自己心目中的大师的批判态度。但是为了照顾瓦格纳的面子和他们之间的友情，尼采在这篇文章中还是充满了对这位大师的赞美，而把对瓦格纳的批判隐藏在文章的内部。在该文出版前，尼采还犹豫过一段时间。但是为了证明他们友情的真实，尼采还是毅然出版了该文。不

值得一提的是瓦格纳在他的乐剧中所表现出的对女性的崇拜，如《尼布龙根的指环》中通过为爱情献身来拯救人类的布仑希尔德。

1878年1月3日，瓦格纳将《帕西法尔》赠送给尼采。当瓦格纳改变其音乐风格之后，尼采与他决裂，称他是一个狡猾的人，称听他的音乐使人发疯。

《人性的，太人性的》这本书代表了尼采创作生涯中的中期作品的开端，抛弃了德国浪漫主义和瓦格纳的影响，开始显现出完全的实证主义的倾向。

过，瓦格纳夫妇已习惯了赞美和吹捧，所以只看到了歌颂，却丝毫没有觉察出文章里对他们进行怀疑和批判的意思。

虽然尼采对瓦格纳的转变很失望，但他还是希望瓦格纳能再回到从前。1876年秋天，德国决定在拜路特创立音乐节，演出瓦格纳的全部作品，尼采希望在这次演出中能看出瓦格纳有所改变，于是他兴致勃勃地去参加了。在参加瓦格纳的歌剧《尼布龙根的指环》的彩排时，尼采深感失望，因为他无法忍受该剧本浮夸庸俗的风格。在拜路特住了几天之后，他再也不想看瓦格纳的歌剧了，于是就离开了这里。

即使是这样，尼采对于瓦格纳的转变还是抱有最后一丝希望。他再一次来到了拜路特，而这时瓦格纳的音乐正在上演；但是，尼采只看到了这个陶醉于成功中的大人物的傲慢，而瓦格纳那种"从来不知道什么叫做惧怕"的大胆艺术风格已经荡然无存。尼采原本期待瓦格纳能成为一个文化的挽救者，但是他完全失望了。因为瓦格纳不仅没有去和低劣的德国文化斗争到底，现在反而在迎合他们的口味。这个时期瓦格纳的歌剧几乎成了心灵的软化剂，皇帝以及那些富人都成了瓦格纳迷。那些铺张的场面和庸俗的捧场让尼采失望到了极点。在瓦格纳音乐的庆祝大会上，尼采黯然地对妹妹说："啊！伊莉莎白，原来这就是拜路特！"最后，尼采迫不及待地离开了庸俗的拜路特，以后再也没有回去过。这件事对尼采伤害很大，后来他曾写道："在我一生中最大的事就是恢复健康，而瓦格纳是我唯一的病痛。"

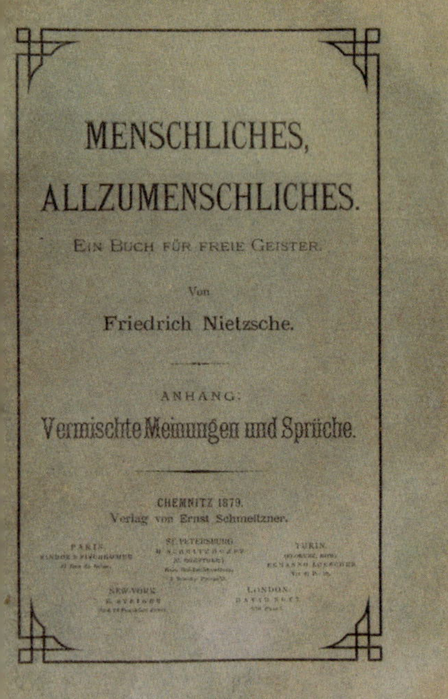

MENSCHLICHES,
ALLZUMENSCHLICHES.
EIN BUCH FÜR FREIE GEISTER.
Von
Friedrich Nietzsche.
ANHANG:
Vermischte Meinungen und Sprüche.
CHEMNITZ 1879.
Verlag von Ernst Schmeitzner.
PARIS
ST. PETERSBURG
TURIN
NEW-YORK
LONDON

1876年11月，尼采在索伦托偶然遇上了瓦格纳，这是两人的最后一次见面。瓦格纳当时正在创作剧本《帕西法尔》，并对参与宗教活动表现出了巨大的热情。他又开始向尼采吹嘘自己，但尼采对他十分冷淡。因为尼采在瓦格纳身上看不到一丝宗教信仰的虔诚，他看到的只是大人物的浮夸和虚荣。

瓦格纳一点都没有感觉到尼采对他态度的变化。这一次分手后，瓦格纳又亲自给尼采寄来了他的剧作《帕西法尔》。但是，尼采没有对这部作品表示出丝毫兴趣。他在给一位朋友的信中评价道："昨天瓦格纳把他的新作《帕西法尔》送给我。初读的印象是它倒像李斯特而不像瓦格纳本人的作品——充满了反改革的精神。对于像我这样习惯于希腊式的普遍人性视野的人看来，这剧本是太基督教化了，太狭窄了。里面充满了种种奇谈怪论，没有骨肉，而有太多的血水（尤其是最后晚餐一幕简直是血淋淋的）。我也不喜欢歇斯底里的女主角……语言好像是从外国翻译过来的，但是那种场合和表现方式——岂不是极高尚的诗？岂不是把音乐发展到了最远的限制？”

后来，尼采把自己写的一本新书《人性的，太人性的》送给了瓦格纳，在这本书里，尼采不再客气，而是对瓦格纳进行了尖刻的批判，只是没有点出他的名字。尼采说：“这位艺术家像自己也不知道为什么会给自己提出了要使人性幼稚化的任务。这是他的光荣之所在，也是他的局限性之所在。”瓦格纳的夫人收到尼采的书后十分生气，瓦格纳本人看到后更是恼火。他专门给正在养病的尼采寄去了一篇自己写的文章，在文中瓦格纳不指名地大肆攻击《人性的，太人性的》一书以报复尼采。但是尼采并不在意，因为他在内心深处已不愿再和瓦格纳交往了。

从黑暗到曙光

尼采的身体不好，经常受到病痛的折磨。到了1879年，尼采的健康状况变得非常糟糕。从幼年就开始的莫名其妙的头痛越来越严重了，这使得尼采不得不辞去了在巴塞尔大学的职务。

为了养病，尼采开始在欧洲漫游。而且从此以后，他一直都在欧洲过着漫游的日子。这些漫游生活使尼采的心理情绪得到了调整，对他的创作也有很大帮助。1879年9月，尼采完成了《人性的，太人性的》第三部分《漫游者及其影子》。《漫游者及其影子》被尼采的好友盖斯特完全抄好后，尼采就把它交给了出版商什玛茨奈，让他帮助出版。什玛茨奈愉快地答应了，到年底这本书就顺利地出版了。

这本书刚刚开始发行时，尼采的头痛病又发作了，同时他的胃也开始疼起来了。尼采每天被这些剧烈的疼痛折磨得求生不得，求死不能。后来，尼采在其自传里曾对这些可怕的日子作过记录，他说：

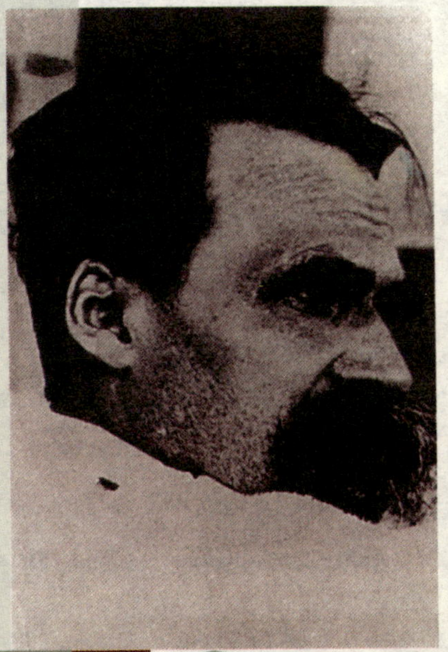

生病中的尼采的照片。尼采从出生就受到多种疾病的困扰，病痛伴随了他的一生。但是，在病痛的折磨中尼采并没有屈服，他写出了无数影响后世的光辉作品。

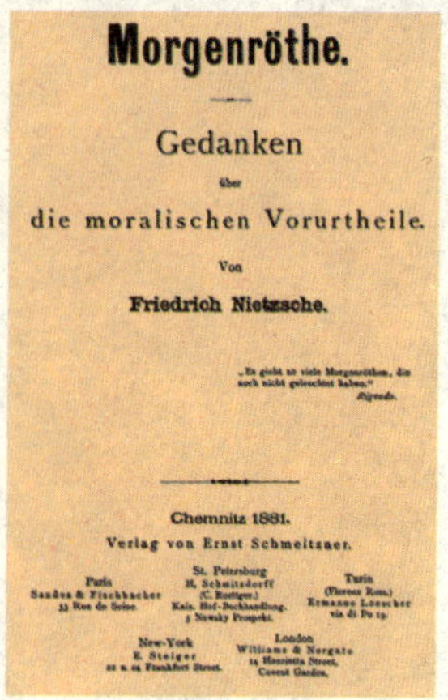

Morgenröthe.

Gedanken

über

die moralischen Vorurtheile.

Von

Friedrich Nietzsche.

„Es giebt so viele Morgenröthen, die noch nicht geleuchtet haben."
Rigveda.

Chemnitz 1881.

Verlag von Ernst Schmeitzner.

Paris
Sandoz & Fischbacher
33 Rue de Seine.

St. Petersburg
H. Schmitzdorff
(C. Roettger.)
Kais. Hof-Buchhandlung.
5 Newsky Prospekt.

Turin
(Florenz Rom.)
Ermanno Loescher
via di Po 19.

New-York
E. Steiger
22 u. 24 Frankfort Street.

London
Williams & Norgate
14 Henrietta Street,
Covent Garden.

尼采在《曙光》中写下的格言都相当清楚、冷静、并且都带有一致的风格，尼采的这本书似乎要呈现给读者一种独特的体验，而不是试图说服读者接受任何观点。

在尼采精神崩溃后，原先的助手彼得·加斯特开始进行修正尼采文稿的工作，而没有经过尼采的认可。这一系列的篡改在今天被研究尼采的学者们严厉批评。

“那段时间，我就像个影子，在圣马利兹山区过了一个夏天，又到瑙堡度过了一个冬天。这是我生命中最黯淡的日子。”

1880 年初，尼采决定去风和日丽、气候宜人的地中海沿岸休养，以便让自己的身体变得更好些。在威尼斯，尼采灵感奔涌，他决定写一本新的著作了，这本书的名字叫做《曙光》。

1880 年 6 月初，尼采完成了《曙光》的第一部分，然后他离开了日内瓦，来到了奥匈帝国的卡尼奥拉，然后又转到了马里恩包德。在那里他住了两个月，完成了《曙光》的第二部分。后来，尼采来到了达斯特莱沙，他在这里呆了一个月，完成了《曙光》的第三部分，然后他又来到了意大利的热那亚。在温暖的热那亚，尼采度过了他生命中一个不平凡的夏天，他在这里完成了《曙光》一书的第四部分和第五部分的大多数章节。

经过几个月的艰苦努力，尼采终于在 1881 年 2 月，把《曙光》一书全部写完。书稿写完之后，尼采又仔细地审阅了一遍，并作了修改。当把这一切工作做完之后，尼采将书稿装订整理好并寄给了好友盖斯特。盖斯特接到书稿后很兴奋，他一口气读完了书稿，又花了 10 天将书稿誊写完毕并重新寄给尼采。尼采收到盖斯特誊写的稿件后，又润色了一遍，然后把《曙光》再一次寄给盖斯特，让他转给出版商。在盖斯特的努力下，《曙光》终于在 1881 年的夏天出版了。

《曙光》这本书共分五个部分。在第一部分里，尼采对基督教关于罪恶的教义进行了猛烈地抨击。尼采指出，在

Lou von Salomé.

基督教看来，情欲是邪恶与堕落的东西。基督教通过宣传信徒应对性的冲动感到内疚而成功地把爱与美的女神这样伟大并使人变得高尚的典范，都贬成妖魔鬼怪了。由于教会的禁止，魔鬼反而变得比天使和圣人更使人感兴趣，爱情故事也成了社会各阶层一致的兴趣所在。怀疑也被宣布为一种罪恶，教会所需要的只是麻木不仁以及对那一潭淹没了理智的死水的无休止的歌颂。

另外，尼采对柏拉图的思想也进行了批判。他认为“柏拉图逃离现实而只想着苍白的精神图画中的事物”。他指责柏拉图有观念狂，只偏重于形式，而且对这些形式有宗教式的狂热，所以柏拉图的哲学思想是病态的。

由于尼采对古希腊悲剧文化的赞美，加上他对基督教义越来越讨厌，所以对基督教开始了大胆的怀疑，而这种怀疑在创作《曙光》时达到了高峰。尼采在该书第 534 节《少量药剂》中，第一次大胆地喊出了“对事物价值进行重估”的声音。他在批评基督教“在这个广大的世界中只不过是个小角落”时，还提出了“对过去做一切价值重估”的全新观念。后来，尼采在其著作《查拉图斯特拉如是说》和《反基督教》中，更是发扬了这种“重新评估一切价值”的勇猛精神，对基督教展开了猛烈的批判。

《查拉图斯特拉如是说》象征了尼采中期作品的终结和晚期作品的开端，这本书成为尼采最知名也最重要的一本著作。书中使用的写作格式相当独特，是一种哲学小说风格的写作方式。

《查拉图斯特拉如是说》

1882 年冬天，对尼采来说是一段苦闷的时光。这个时期，尼采与莎乐美的感情以莎乐美写信谩骂尼采的方式结束了。深受打击的尼采十分痛苦，他独自前往意大利的热那亚，准备在那里过一个清静的冬天。这一年的圣诞节，尼采独自一人在意大利的拉帕洛度过，他的身边没有亲人和朋友。然而正是在这最孤独的日子，尼采开始着手写作一部伟大的著作《查拉图斯特拉如是说》。

从 1883 年 3 月份开始，尼采开始起草《查拉图斯特拉如是说》的第一部分。他以上一年 8 月份的写作提纲为基础，写得很快，这个时候的尼采终于感到了一种创作的快乐和安慰。

尼采终于把《查拉图斯特拉如是说》的第一部分完成了。也正是在这个时候，尼采从报纸上得知瓦格纳去世了，

路·莎乐美、保罗·瑞与尼采的合影，1882年。在失恋的痛苦下尼采的病情再度复发，他与母亲和妹妹的关系也由于莎乐美而几近破裂，他更数度萌发自杀的念头。尼采接着躲进了意大利，在那里他写下了《查拉图斯特拉如是说》的第一部分。

他非常震惊和悲伤。他在给朋友的信中说："与一个最敬爱的人对立6年是多么不容易啊！我不得不反对的瓦格纳最终还是衰老离世了。至于真正的瓦格纳，在某种程度上我会是他的继承人。"

1883年6月，尼采来到瑞士。他发现瑞士高山的空气很适合他，于是他的创作力又恢复了。思想如洪水般在他心中起伏，他奋笔疾书，有时甚至工作到半夜，6月还没有过完，尼采就写完了《查拉图斯特拉如是说》的第二部分。

后来，尼采又回到了家乡休养。在这里，他的心情很舒畅。可是，就在这时，又发生了一件让他不高兴的事，因为他的妹妹伊莉莎白正在追随一个一贯强烈反犹太的人。她不仅帮助这个人收集了25万人签名的反犹太请愿书，而且还准备跟他结婚。这使尼采非常恼火，因为尼采是不主张反犹太的，而且，他对犹太这个民族还充满了尊敬。这样，他与妹妹又一次闹翻了，这让他的心情很糟糕。

为了让自己的心情好起来，尼采离开家乡，又开始了漫游。他来到了法国一座美丽的城市——尼斯。这里的冬天，气候温暖宜人。这一切又激发起了尼采停止了数月的创作激情。他后来在自传中回忆说："冬天，在尼斯平静而晴朗的天空下，我第一次享受了和煦的阳光。就在这个时候，我发现了第三个查拉图斯特拉……在尼斯四周乡间的许多偏僻地区和山冈，由于那些不可忘怀的时刻，使我觉得一切都很奇妙，我的创造力无拘无束地涌出来，我的肌肉活动也变得很强……人们总是看到我在雀跃着，我经常在小山之间步行七八个小时而丝毫不感到倦怠。我睡得很好，而且常常带着笑容——我完全是生气勃勃而坚忍的。"正是在这样的心情下，尼采开始了《查拉图斯特拉如是说》第三部分的创作。到1884年8月初，尼采终于顺利完成了《查拉图斯特拉如是说》的第三部分。与该书的第二部分一样，尼采的这一部分，也是一气呵成的，而且用的时间很短。

创作完《查拉图斯特拉如是说》的第三部分后，尼采的妹妹伊莉莎白准备与夫婿波哈·佛斯特一同去南美洲。尼采的母亲几次写信来，要尼采赶到苏黎世去为他的妹妹送行，但是尼采不愿意。他给朋友写信说："同她这样一个充满报复心的反犹太的人，现在谈不上和解的问题。"但是，为了不伤母亲的心，尼采只好去了苏黎世。在那里，他送走了妹妹和妹夫，然后便呆在了苏黎世，并开始动笔写作《查拉图斯特拉如是说》的第四部分。经过几个月不懈地努力，到1885年2月，尼采终于在法国尼斯完成了该书的第四部分。

但是，这部伟大的著作却没有人愿意出版，尼采只好自费印制了40册。尼采给友人赠送了几本，但只有一个人告诉尼采收到了赠阅本，其他人都没有回音；另外，已经卖出的30多本书，也没有在社会上引起什么反应。没有人赞扬尼采的《查拉图斯如是说》，相反，有人还埋怨他。

但是，现在的人却认为《查拉图斯特拉如是说》是全部哲学史上一部有独特意义的作品。它不仅是尼采的代表作，而且也是光辉的哲学诗篇。在这本书里，尼采用华美的警句和生动的比喻表达了深沉的哲理。书里没有呆板的

图为位于德国魏玛的尼采档案库，其中收藏了大量尼采的著作和手稿。

《瞧！这个人》是一本风格极为独特的自传，自传中记述的主要是尼采哲学思想的发展经历。尼采在书的结尾告诉读者，"永恒轮回"以及"对所有价值观的重新评价"是他哲学研究的中心。

论说，也没有让人窒息的教条，当人们读到这本书时，会被尼采灿烂的辩才和变幻无穷的文体所吸引，会感到热血沸腾，无比兴奋。

尽管这部书出版后，尼采没有亲眼见到人们对它的赞誉，但是他似乎预感到这部书迟早会被世人发现。他在其自传《瞧！这个人》中，曾对此书评价道："在我的著作中，我的《查拉图斯特拉如是说》占了一个特殊的地位。我以这著作给人类以空前伟大的赠礼。这本书，声音响彻千古，它不仅是世界上最高迈的书，山顶雄风最真实的书——整个现象以及人类都远在它的下面——而且也是最深邃的书，从最丰富的真理中产生，一个永不枯竭的源泉，装满宝藏的宝库，没有汲桶，亦唾手可得。这部著作是世上独一无二的，诗人们诚不足挂齿，没有一样东西可以从如此充沛的力量中产生出来……即连歌德或莎士比亚，也不能在这种热情与提升的强烈空气中作一瞬间的呼吸，和查拉图斯特拉比较，但丁只不过是一个信仰者，而不是一个最先创造真理的人，伏陀诗人都是祭祀师，就是替查拉图斯特拉解草鞋也不配——这些全是无关紧要的。把所有伟大灵魂的精华联合起来，也创造不出一段查拉图斯特拉的谈话来……在查拉图斯特拉面前，没有智慧，没有心灵的省察，也没有语言的艺术，文句热情洋溢，辩才化为音乐……在这儿，每一瞬间，人都是被超越的，'超人'的观念成为最大的真实——任何曾经被认为伟大的东西，都远在它的下面……"

【永恒的孤独】

在完成《查拉图斯特拉如是说》后，尼采仍然笔耕不辍。但他经常会感到孤独，尤其是看到那些成双成对的夫妇们的时候。再加上《查拉图斯特拉如是说》发表后，许多朋友与他疏远了，而《善与恶的超越》一书出版后，也只卖出了 100 多本，从而更加深了尼采的孤独。

之后，尼采又换了个地方，并开始创作《道德的谱系》一书。写完《道德的谱系》一书后，尼采又开始计划写一本《一切价值的重估》，他想以这本书对以前未表达的思想再作一点补充。

这个时期，尼采认为自己的哲学体系已经完全建立起来了，他自信自己必将在哲学史上占有一席之地。在给朋友的信中，尼采对自己做了如下评价："我有一句话只能在咱们三个人中说，那就是人们将会理解我是这个时代最主要的哲学家，甚至可能还不至于此，我也许就是负着重大使命的一座沟通两千年历史的桥梁。"也正是在这个时候，尼采觉得一种比以前更为严重的孤独正向他席卷而来。

1888 年的夏天，尼采感到自己的身体已因写作而被完全拖垮了。尼采忍着病痛，顽强地创作了《偶像的黄昏》。他把自己的全部精力投入到该书中，不到 3 个月时间，这本书就顺利完成了。《瞧！这个人》是在 1888 年 11 月完成的。之后，尼采开始整理《尼采对瓦格纳》一书，这本文集选收了尼采自己以前所写的有关瓦格纳的各种文章。尼采认为，通过编写这本文集，他彻底解决了有关瓦格纳的所有问题。

1889 年 1 月 3 日，对于尼采来说是不幸的。这一天的早晨，尼采正在街上漫步，这时他看见一个马车夫正在残暴地抽打一匹马。尼采又哭又喊起来，他猛地扑上前去，抱住马的脖子，结果他被重重地摔倒在地上。房东费诺发现他后，把他送回房间，尼采在沙发上昏睡了两天两夜。醒来之后，尼采开始出现神经错乱的症状。

数日后，他的朋友奥维贝克赶来都灵，把他带回到柏林。尼采进入了生命的最后十年。他先是住在耶拿大学精神病院，后来母亲把他接到家中照料。母亲去世后，尼采就由妹妹照顾。在尼采的一生中，他的家庭始终是他温暖的避风港。1900 年 8 月 25 日，这位生不逢时的思想大师与世长辞了，就像他自己在诗中说的那样："银白的，轻捷地，像一条鱼，我的小舟驶向远方。"

在 1900 年 8 月 25 日，尼采死于肺炎，妹妹伊莉莎白将他与父亲并列安葬。这位伟人对 20 世纪的哲学产生了深刻的影响，尤其是欧陆哲学。尼采最重要的贡献之一在于他企图揭发社会的既有价值观的本质。

大事年表

1844 年	10 月 15 日，尼采诞生于普鲁士。
1864 年	进波恩大学，修习神学与古典语言学。
1865 年	转入莱比锡大学。
1868 年	初识瓦格纳。
1869 年	受聘巴塞尔大学，担任古典语言学的教授。
1871 年	写作《悲剧的诞生》。
1877 年	与瓦格纳的友谊关系终结。
1879 年	重病。辞去巴塞尔大学教席。
1881 年	完成《曙光》。
1883 年	瓦格纳病逝。尼采执笔撰写《查拉图斯特拉如是说》。
1886 年	完成《道德的谱系》。
1889 年	出现精神分裂现象。
1900 年	尼采逝世，终年 56 岁。